펠리시티 브룩스 글 | 케이티 로벨 그림 | 이지민 옮김
처음 펴낸날 | 2015년 6월 4일
7쇄 펴낸날 | 2022년 9월 20일
펴낸이 | 박봉서
펴낸곳 | (주)크레용하우스
출판등록 | 제5-80호
주소 | 서울 광진구 천호대로 709-9
전화 | (02)3436-1711
팩스 | (02)3436-1410
홈페이지 | www.crayonhouse.co.kr
이메일 | crayon@crayonhouse.co.kr

Growing up for girls
by Felicity Brooks

copyright ⓒ 2013 Usborne Publishing Ltd.
Korean translation copyright ⓒ 2015 CrayonHouse co., Ltd.
The Korean language edition is published by arrangement with Usborne Publishing Ltd.,
through Pauline Kim Agency, Korea.
All rights reserved.

이 책의 한국어판 저작권은 피케이 에이전시를 통한
Usborne Publishing Ltd.와의 독점 계약으로 (주)크레용하우스가 소유합니다.
저작권법에 의하여 한국 내에서 보호를 받는 저작물이므로 무단 전재와 복제를 금합니다.

ISBN 978-89-5547-400-8 73470

이 도서의 국립중앙도서관 출판시도서목록(CIP)은 서지정보유통지원시스템 홈페이지(http://seoji.nl.go.kr)와
국가자료공동목록시스템(http://www.nl.go.kr/kolisnet)에서 이용하실 수 있습니다.(CIP제어번호: CIP2015013567)

펠리시티 브룩스 글 | 케이티 로벨 그림 | 이지민 옮김

크레용하우스

■ 이 책을 읽는 소녀들에게

설레면서도 두려운 사춘기, 함께 알아봐요

여러분, '사춘기'의 정확한 뜻이 뭔지 알고 있나요? 사춘기는 한자로 '思春期'라고 쓰며 봄을 생각하는 시기라는 뜻이에요. 봄에 새싹이 돋는 것처럼 성적으로 성숙해져서 사랑을 느끼게 된다는 말이죠.

이 책은 여러분이 사춘기를 지혜롭게 보낼 수 있도록 도움을 줄 거예요. 사춘기는 아이에서 어른이 되어 가는 단계로, 여러분은 이 시기에 겪게 되는 변화들 때문에 겁이 나고 혼란스러울 수 있어요. 하지만 미리 어떠한 변화를 겪게 될지 알아 두면 적응하기가 더 쉽겠죠.

사춘기에는 신체 변화만 일어나는 게 아니에요. 정신적·감정적으로도 많은 변화가 일어나지요. 따라서 여러분은 새로운 감정에 대처하는 법을 배워야만 해요.

    또한 사춘기는 건강이나 학교생활, 음식, 안전, 친구 및 가족들과의 관계 등에 책임을 져야 하는 때랍니다. 이 시기에는 알아야 할 것이 많아요. 그 과정이 때로는 힘겨울 수 있지만 동시에 아주 즐거울 수도 있어요.

    여러분 중에는 이미 변화를 느낀 친구도 있고 그렇지 않은 친구도 있을 거예요. 하지만 이 세상에 사춘기를 겪지 않는 사람은 한 명도 없답니다. 그러니 사춘기가 빠르거나 늦게 찾아와도 걱정하지 마세요.

    이 책을 곁에 두고 필요할 때마다 읽어 보길 바랍니다. 혼자 고민하느라 답답할 때 이 책이 도움이 될 거예요. 여러분이 아름다운 사춘기를 보낼 수 있도록 항상 응원할게요!

차례

1. 사춘기 여행을 떠나 볼까요   9

2. 나에게 왜 이런 변화가 일어날까요   14

3. 갑자기 몸무게가 늘고 키가 커졌어요   19

4. 새로운 부위에 털이 났어요   23

5. 가슴이 봉긋 솟아나요   28

6. 내부 생식기는 어디일까요   36

7. 외부 생식기는 어디일까요   42

8. 생리를 시작해요   45

9. 생리, 어떻게 해야 할까요   51

10. 남자아이의 몸은 어떻게 변할까요   60

11. 피부는 어떻게 변할까요   67

12. 치아와 손톱은 어떻게 관리할까요   75

13. 건강에 좋은 음식을 먹어요   79

14. 운동과 수면, 어떻게 할까요   90

15. 내 기분이 왜 이럴까요   96

16. 당당하게 자신감을 가져요   110

17. 남자 친구를 사귀고 싶어요   117

18. 술과 담배는 해로워요   126

19. 어떻게 위험을 피할까요   131

20. 학교생활을 잘하고 싶어요   139

1. 사춘기 여행을 떠나 볼까요

사람들은 보통 '사춘기가 되었다'고 말해요. 어느 순간에 갑자기 사춘기를 겪는 것처럼 말이죠. 하지만 사실 사춘기는 10대 전반에 걸쳐 서서히 진행돼요. 갑자기 사춘기가 시작되고 끝나는 것이 아니라 긴 여행을 하는 것처럼 그 길에는 여러 단계가 있고 중간에 멈췄다가 다시 시작하기도 한답니다.

여자아이는 보통 9세에서 13세 무렵에 사춘기가 시작되지만 끝나는 시기는 딱히 정해져 있지 않아요. 일단 사춘기에 접어들면 성장 속도를 늦추거나 빠르게 할 수 없어요. 어떨 때는 성장 속도가 너무 빨라서 마치 롤러코스터를 탄 기분이 들기도 할 거예요.

무슨 일이 일어날까요?

사춘기에는 몸 안과 밖, 그리고 감정에 다양한 변화가 생겨요. 아래는 그 변화를 일어나는 순서대로 정리한 거예요. 물론 개인차가 있어서 꼭 이 순서대로 일어나지는 않아요. 아래 내용 중에 이해되지 않는 부분이 있더라도 걱정하지 마세요. 다시 자세히 설명해 줄게요!

* 몸집과 키가 커져요.
* 가슴이 커져요.
* 괜히 우울해져요.
* 털이 많아지고 새로운 부위에 털이 나요.
* 땀이 많이 나요.
* 머리와 피부에 피지가 많이 분비돼요.
* 생식기가 발달해요.
* 생리를 시작해요.

1... 2... 3...

처음 몸의 변화가 일어난 뒤 생리를 하기까지 길게는 3년 이상이 걸릴 수도 있어요. 그리고 생리를 시작해 몇 년이 지나면 몸의 성장은 멈추죠.

하지만 뇌는 25세가 될 때까지 계속 성장할 거예요.

아래 퀴즈에 한번 대답해 보세요. 여러분이 사춘기 여행의 어디쯤 와 있는지 알 수 있어요.

☆ 퀴즈

- ❖ 예전에는 즐겁게 했던 놀이나 활동이 유치하거나 따분하게 느껴지나요?
- ❖ 사소한 일에도 화를 내거나 가족, 친구들과 싸우는 일이 많아졌나요?
- ❖ 아무 이유 없이 화가 나고 스트레스를 받거나 우울한 기분이 드나요?
- ❖ 여러분을 이해하기 위해 노력하는 주변 사람들의 행동에 화가 나나요?
- ❖ 사람들의 시선이 자신에게 집중되는 것이 신경 쓰이나요?

☆ 정답 ☆

❖ '네'가 많다면

　여러분은 사춘기 여행의 중간쯤 와 있어요. 여러분이 느끼는 변화나 감정은 모두 지극히 정상이에요. 책에 있는 '생각해 볼까요'가 많은 도움을 줄 거예요.

❖ '아니오'가 많다면

　여러분은 아직 사춘기 여행을 시작하지 않았어요. 그렇지만 머지않아 시작하겠죠. 이 책을 읽으며 앞으로 겪게 될 변화에 대해 미리 알아보도록 해요.

❖ '네'와 '아니오'가 비슷하다면

　여러분은 이제 막 사춘기 여행을 시작했어요. 앞으로 새롭고 신비한 일들이 여러분을 기다리고 있으니 기대해도 좋아요.

 ## 생각해 볼까요

　사춘기가 시작되면 나를 이해해 주는 사람이 아무도 없다고 느낄 수 있어요. 그때 이 세상 모든 어른이 사춘기를 겪었다는 사실을 꼭 기억하세요. 선생님, 부모님, 심지어 할아버지, 할머니와 좋아하는 연예인까지도 말이에요.
　사람은 누구나 사춘기를 겪지만 개인별로 차이가 있을 뿐이에요. 사춘기는 이상하거나 비정상적인 변화가 아니랍니다.
　이 책을 읽으며 사춘기에 겪는 불편한 감정들을 현명하게 다루는 방법을 배워 보세요.

2. 나에게 왜 이런 변화가 일어날까요

사춘기에는 왜 여러 가지 변화가 일어나는 걸까요?

사춘기에 일어나는 변화는 대부분 '호르몬' 때문이에요.

호르몬은 내분비샘에서 분비되어 체액을 통해 몸 구석구석으로 전달되는 물질이에요. 신체 기관이나 조직이 무슨 일을 해야 하는지 알리는 일종의 신호로 각 호르몬은 관련된 신체 기관의 작용을 촉진하거나 억제해요.

호르몬이 사춘기에만 분비되는 것은 아니에요. 우리 몸은 평생에 걸쳐 스무 개 이상의 호르몬을 분비하며 그 역할은 각각 달라요.

예를 들어 아드레날린은 두려움이나 위험을 느낄 때 분비되는 호르몬으로 심장 박동과 호흡을 빨라지게 만들어 재빨리 달

아날 수 있게 해요. 인슐린은 글루카곤이라는 다른 호르몬과 함께 혈액 내 당의 양을 통제한답니다.

사춘기는 어떻게 시작될까요?

사춘기를 유발하는 호르몬은 뇌의 일부분인 시상 하부에서 분비돼요. 시상 하부는 포도 한 알 정도의 크기로 뇌 한가운데에 자리하고 있어요.

사춘기에 접어든 여러분이 잠들면 시상 하부는 성선 자극 호르몬(GnRH)이라는 호르몬을 분비하기 시작해요.

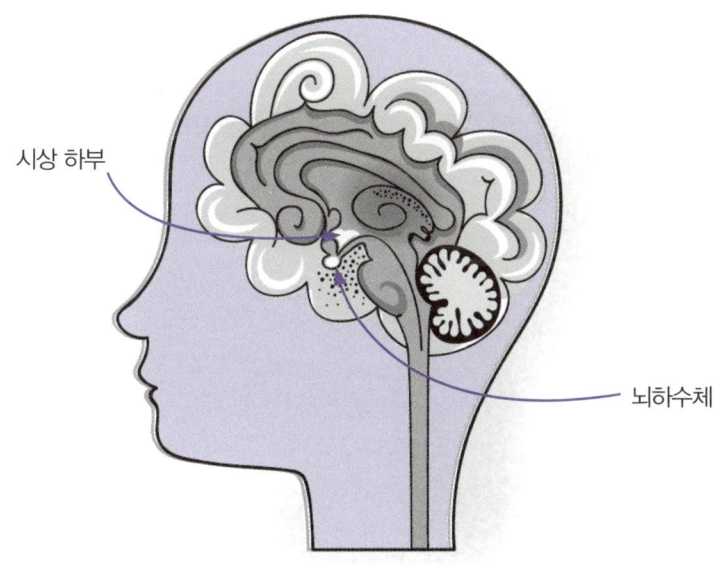

성선 자극 호르몬의 수치가 충분히 높아지면 시상 하부의 아래쪽에 있는 뇌하수체에 신호가 전달되지요. 그러면 뇌하수체는 난포 자극 호르몬(FSH)과 황체 형성 호르몬(LH)을 분비해요. 난포 자극 호르몬과 황체 형성 호르몬은 혈액을 타고 골반 안쪽에 위치한 난소로 이동해 난자의 성장을 유도해요.

난자가 성장하면서 난소는 상당량의 성호르몬을 생성하며 이때부터 여러분이 알아차릴 수 있을 만큼 몸에 많은 변화가 일어나지요.

난소에서 분비되는 여성의 주요 성호르몬은 난포 호르몬인 '에스트로겐'과 황체 호르몬인 '프로게스테론'이지만 '테스토스테론'이라는 남성 호르몬이 소량 분비되기도 한답니다.

성호르몬의 주요 역할은 난소의 성장을 돕는 거예요. 또 성호르몬의 영향으로 가슴이 커지고 생리를 하게 되지요. 난소와 생리에 관해서는 6장과 8장에서 더 자세히 살펴볼게요!

"이게 다 호르몬 때문이야."

'네 마음이 울적한 건 다 사춘기 호르몬 때문이야.' 라고 말하는 어른들 때문에 짜증스러웠던 적이 있나요? 그런데 실제로 호르몬은 사람의 기분에 영향을 끼쳐요.

사춘기에는 몸의 변화를 일으키는 강한 호르몬 때문에 감정 기복이 심해지거나 짜증이 자주 날 수 있어요. 그러니 너무 걱정하지 마세요.

사춘기가 점점 빨리 찾아오는 이유는 무엇일까요?

과학자들은 사춘기가 옛날보다 일찍 시작되고 있다는 사실을 알아냈어요.

100년 전, 여자아이들은 평균 15세 정도에 생리를 시작했어요. 하지만 지금은 대부분 12세에서 13세쯤에 생리를 시작하지요.

물론 생리가 시작되는 시기는 사람이나 지역, 국가마다 다르지만 생리 시기가 빨라졌다는 것은 사춘기가 그만큼 일찍 찾아온다는 의미예요. 과학자들은 아마 식습관의 변화로 인해 사춘기가 빨라진 것은 아닐까 연구하고 있어요.

3. 갑자기 몸무게가 늘고 키가 커졌어요

사춘기가 찾아오면서 몸에 가장 먼저 일어나는 변화 중 하나는 급격하게 몸무게가 늘고 키가 자라는 거예요. 한 번에 갑자기 훌쩍 커 버리거나 몇 년에 걸쳐 자라는 경우가 있지요. 또 아래와 같이 몸이 변한답니다.

* 손과 발이 커져요.
* 팔과 다리, 척추가 자라요.
* 허벅지가 두꺼워지고 골반이 넓어져요.
* 얼굴이 길어지고 목소리 톤이 다소 낮아져요
* 엉덩이가 커지고 어깨가 넓어져요.

* 근육이 더 튼튼해져요.

이러한 성장은 사람마다 그 시기와 순서에 차이가 있어요. 성장이 일찍 시작되면 일찍 멈출 수도 있죠. 따라서 다른 친구들에 비해 성장이 늦더라도 걱정할 필요 없어요. 얼마 안 가 그 친구들을 따라 잡거나 추월할 수 있으니까요.

여자아이는 대부분 15세 정도가 되면 키가 거의 다 자라 성인이 되었을 때 키에 도달해요.

이와 같은 모든 성장은 성인이 되기 위한 과정으로, 훗날 아기를 갖기 위해 필요한 신체 구조를 갖게 되지요. 골반이 넓어지는 것은 아기가 자라고 태어날 공간을 확보하기 위해서예요.

몸무게가 늘어나는 것은 지방이 증가하기 때문인데 지방은 여러분이 훗날 아기를 낳아 모유 수유를 할 때 에너지를 얻기 위해 꼭 필요해요.

몸무게가 증가하는 또 다른 이유는 신체 내부의 뼈, 근육, 심장, 폐 등이 커지고 무거워지기 때문이에요.

 **알고 있나요?**

봄에는 다른 계절에 비해 키가 두 배 빨리 자라고 생리를 시작할 확률은 가장 낮아요.
그리고 가을은 대체적으로 몸무게가 가장 많이 늘어나는 계절이에요.

10대 혹은 그전부터 몸무게가 늘어나는 것은 정상적이며 건강하다는 신호예요. 소녀의 몸에서 성숙한 여성의 몸으로 변하기 위한 자연스러운 현상이지요.

사춘기에는 잘 먹고 열심히 운동해서 건강한 몸을 가지는 것이 중요해요. 이 부분에 대해서는 13장과 14장에서 더 자세히 살펴보도록 해요.

🌸 생각해 볼까요 🌸

여러분의 몸이 변하고 있다는 사실이 불편하거나 걱정될 때는 자기 자신에게 내 몸은 소중하다고 말해 보세요. 걱정이나 고민을 친구들과 이야기해 보는 것도 좋은 방법이에요.

사람마다 변화를 겪는 시기와 상태, 모습이 다르기 때문에 자신을 친구 혹은 다른 누구와 비교해서는 안 돼요.

4. 새로운 부위에 털이 났어요

사춘기에 일어나는 몸의 또 다른 변화는 새로운 부위에 털이 나는 거예요. 생식기 위쪽에 나는 털을 '음모'라 부르는데 가슴이 커지기 시작할 때 함께 자라지요.

음모는 얇고 직선이며 밝은색을 띠지만 시간이 지날수록 꼬불꼬불거리며 두껍고 어두워져요. 왜 음모가 나는지는 아직 밝혀지지 않았어요.

음모는 머리카락처럼 계속해서 자라지 않아요. 6개월이 지나면 있던 음모가 빠지고 그 자리에 새로운 음모가 자라요. 음모가 너무 길거나 두꺼워 팬티나 수영복 밖으로 삐져나온다면 끝이 둥근 가위로 조심스럽게 다듬어도 좋아요.

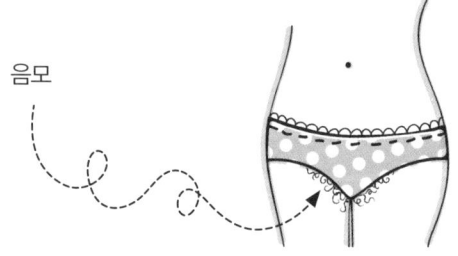

겨드랑이, 다리, 팔에도 털이 자라기 시작하며 인중에도 털이 나지요. 이런 털은 머리카락 색과 비슷하며 계속해서 자라지 않고 어느 정도 자라면 성장을 멈춰요.

이렇게 털이 나는 것은 아주 정상적인 현상이기 때문에 일부러 제거할 필요는 없어요. 그래도 겨드랑이 털이나 팔다리 털을 밀고 싶다면 방법을 신중하게 선택해야 해요. 엄마나 언니, 서배에게 조언을 구해 보세요.

팔다리와 겨드랑이 털을 면도해 볼까요?

털을 제거하는 대표적인 방법으로는 면도가 있어요. 면도는 털을 쉽고 빠르게 제거할 수 있는 방법이에요. 약국이나 슈퍼마켓에서 쉽게 구할 수 있는 비누, 면도 거품이나 면도 젤, 일회용 면도기만 있으면 할 수 있지요.

다른 사람이 이미 사용했거나 사용하고 있는 면도기는 위생을 생각해서 쓰지 않는 것이 좋겠죠?

팔다리는 이렇게 면도해요

* 털을 제거할 부위에 비누 거품이나 면도 거품, 젤을 묻혀요.
* 천천히 조심스럽게 아래쪽에서 위쪽으로 움직이며 면도해요. 피부에 면도기를 세게 누르면 날에 베일 수 있답니다.
* 면도기 날 부분을 자주 청소해 주세요.

겨드랑이는 이렇게 면도해요

* 겨드랑이를 면도할 때는 겨드랑이에 물을 살짝 묻힌 다음 비누 거품이나 면도 거품, 젤을 발라요. 처음에는 위에서 아래로 면도하고 면도기를 헹구고 나서 다시 아래에서 위로 면도해요.
* 겨드랑이를 물로 씻고 물기를 닦아 말려요. 면도를 한 직후에는 조금 따끔할 수도 있어요.

면도는 익숙해지면 아주 쉬워요. 하지만 털은 꽤 빨리 자라기 때문에 주기적으로 면도해야 해요. 그리고 면도기 날은 쓸수록 날이 무뎌져 자주 바꿔 줘야 해요.

또 다른 제모 방법들도 살펴볼까요?

털을 제거하는 다른 방법들도 있어요. 대부분 면도보다 오래 지속되지요.

* 왁싱은 따뜻한 왁스와 천을 사용해 털을 떼어 내는 방법이에요. 왁싱은 여러 번 할수록 털이 자라는 속도가 늦어지기 때문에 효과적이에요. 하지만 미용 전문가의 도움을 받아야 하므로 가격이 비싸요. 게다가 왁싱 후 몇 시간 동안은 아프거나 피부가 붉어질 수 있어요.

* 모근 제모기는 한 번에 털을 여러 가닥 제거할 수 있는 소형 전자 기기예요. 모근까지 뽑는 방식으로 시중에 다양한 제품이 판매되고 있지요. 충전해서 쓰는 제품과 건전지를 넣는 제품이 있어요.

* 제모제는 털을 녹이는 화학 물질로 크림, 로션, 거품 타입이 있어요. 슈퍼마켓이나 약국에서 구입할 수 있는데 털을 제거하고자 하는 부위에 적합한 제품을 선택하는 게 중요해요. 신체 일부에 먼저 사용해서 부작용이 있는지 확인해야 해요.

* 족집게를 이용해서 털을 하나씩 뽑는 제모 방법도 있어요. 아플 수 있지만 한 가닥 삐져나온 털이나 눈썹을 뽑는 데는 가장 적합한 방법이지요.

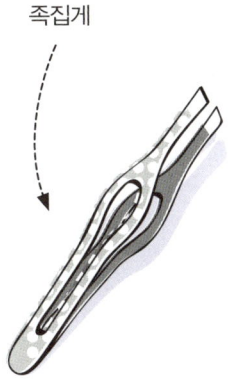

* 표백 크림은 털을 제거해 주지는 않지만 털 색깔을 옅게 해서 털이 눈에 띄지 않게 하는 효과가 있어요. 넓은 부위에 사용하기에는 적합하지 않아도 눈썹이나 인중 등 좁은 부위에는 사용할 수 있지요. 사용할 부위에 적합한 색을 선택해야 하며 반드시 사용 설명서에 따라야 해요.

5. 가슴이 봉긋 솟아나요

   9세에서 13세 사이에 젖꼭지인 유두 주변으로 돌기가 생기기 시작해요. 이는 가슴이 커지기 시작한다는 것을 의미하지요. 더 지나면 유두가 튀어나오고 주위의 동그란 부위인 유륜이 넓어지며 어두운 색으로 변해요.

   한동안은 유두가 따끔거리고 얼얼하거나 가려울 수 있어요. 모두 정상적인 현상이므로 걱정하지 마세요. 그리고 한쪽 가슴이 다른 쪽 가슴보다 빨리 자랄 수 있지만 결국 크기는 비슷해질 거예요. 물론 양쪽 가슴이 완전히 똑같은 사람은 없어요!

   가슴은 천천히 자라요. 가슴이 일찍 자라기 시작한다고 크기가 커지는 것은 아니에요. 성장을 더 일찍 멈추기 때문이지요.

반면 가슴이 늦게 자라기 시작하면 성장이 멈추는 시기 또한 늦어지지요. 가슴은 약 18세까지 자랄 수 있어요.

많은 친구들이 가슴이 작을까 봐, 혹은 너무 크거나 모양이 이상할까 봐 걱정해요. 하지만 이상적인 가슴 모양이나 크기가 정해져 있는 것은 아니에요. 가슴은 손과 발처럼 사람마다 모양, 크기가 달라요.

가슴은 왜 있을까요?

가슴이 나오면 불편할 수 있어요. 가슴이 있는 일차적인 목적은 아기에게 젖을 물리기 위해서예요. 다른 목적은 미적으로 아름답기도 하며 여성의 성감대라는 것이지요.

가슴의 대부분은 지방으로 이루어져 있는데 이는 가슴 안쪽, 젖을 만드는 젖샘을 보호하기 위해서랍니다. 여성이 출산을 하면 유두 구멍에서 젖이 나오기 시작해요. 이 구멍은 너무 작아서 육안으로는 잘 보이지 않아요.

브래지어를 입기 시작해요

언제 브래지어를 입을지는 여러분 선택에 달려 있어요. 여러 가지 이유 때문에 브래지어를 입지 않는 여성도 있지요. 브래지어를 입는 가장 큰 이유는 편안하기 때문이에요. 운동을 하거나 움직일 때 가슴이 흔들리는 것을 고정시켜 주지요.

시중에는 다양한 브래지어가 많이 나와 있어요. 혹 자신의 가슴 사이즈와 맞지 않는 브래지어를 입을 경우 불편하고 가슴 모양이 망가질 수 있어요. 속옷 가게에서 사이즈를 측정하거나 엄마의 도움을 받아 정확한 사이즈를 알아야 해요.

남에게 가슴 사이즈를 측정해 달라고 하는 것이 거북하게 느껴질 수 있지만 자신의 몸에 맞는 편한 브래지어를 구입하려면 겪어야 할 일이에요. 사이즈를 한번 알아 놓으면 자신에게 맞는 브래지어를 사기도 쉽겠죠?

사이즈를 재 보세요

가슴 사이즈를 잴 때는 가슴둘레와 컵 사이즈 두 가지를 측정해요. 가장 작은 컵은 AA이며, 그다음에는 A, B, C…… 순으로 커져요. 예를 들어 65A(가슴둘레 65센티미터에 A컵), 75C(가슴둘레 75센티미터에 C컵) 등이 있어요.

가슴 사이즈를 측정할 때 다른 사람의 도움을 받아야 하는 이유는 팔을 양옆으로 내려야 정확한 측정이 가능하기 때문이에요.

컵 사이즈는 이렇게 측정한답니다.

* 줄자를 가슴 바로 밑부분에 두른 다음 바싹 당겨서 눈금을 읽어요. 그 수치에 10센티미터를 더하면 컵 사이즈가 돼요.
* 이제 유두 위로 줄자를 대고 두 번째 사이즈를 재요. 이때 가슴을 꽉 조이면 안 돼요.

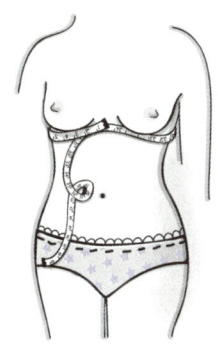

* 두 번째로 측정한 사이즈가 처음 잰 둘레에 10센티미터를 더한 컵 사이즈와 같거나 작다면 AA컵이에요.

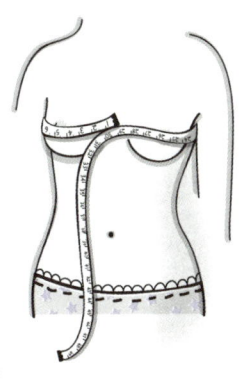

* 둘 사이의 차이가 1에서 1.5센티미터 (0.5인치)라면 A컵이에요.
* 차이가 1.5에서 2.5센티미터(1인치) 라면 B컵
* 차이가 2.5에서 5센티미터(2인치) 라면 C컵
* 차이가 5에서 7.5센티미터(3인치)라면 D컵이 된답니다.

> **생각해 볼까요**
>
> 속옷 가게에 가면 점원들이 도움을 줄 거예요. 나이나 가슴 모양, 사이즈가 다양한 사람들을 상대하는 것이 점원의 일이기 때문에 부담 갖지 말고 언제든 도움을 요청하세요.

브래지어를 사기 전에 반드시 정확한 사이즈를 알아 두는 게 좋아요.

브래지어는 이렇게 골라요

가슴 사이즈를 알고 있더라도 브래지어를 직접 착용해 보고 구입하는 것이 좋아요. 브래지어를 착용하고 상의를 입은 다음 겉에서 보이는 모양이 마음에 드는지도 확인해요.

브래지어는 갈비뼈 주변으로 딱 맞아야 하지만 너무 꽉 낄 경우에는 숨쉬기가 힘들어요. 컵 안에 빈 공간이 생긴다면 가슴에 비해 큰 사이즈이고, 컵 밖으로 가슴이 삐져나온다면 너무 작은 사이즈예요.

어깨끈은 어깨에 편안하게 닿아야 하며 너무 얇거나 꽉 조여서 살에 파고들지 않도록 해야 해요. 어깨끈 길이를 쉽게 조절할 수 있는 브래지어를 구입하면 되겠죠?

어떤 스타일의 브래지어를 사야 할까요?

* 어떠한 브래지어를 구매할지는 여러분의 취향에 따라 다르지만 10대라면 소재가 부드럽고 착용감이 편안한 브래지어를 구입하는 게 좋아요. 주름 장식, 레이스가 많거나 색이 화려한 브래지어는 더 커서 입어도 되니까요.

* 흰색 셔츠를 입을 경우 흰색이나 피부와 비슷한 색의 브래지어를 착용하도록 해요.

* 운동을 많이 하는 편이라면 스포츠 브래지어를 사는 것이 좋아요. 편하게 움직일 수 있는 스포츠 브래지어는 운동할 때뿐만 아니라 평소에도 활동하기가 편해서 여성들에게 인기가 많지요.

* 뒤에 고리가 달린 브래지어가 입기 불편하다면 앞쪽에서 잠그고 풀 수 있는 브래지어를 구입해 보세요.

* 와이어(브래지어 컵 아래쪽에 들어간 철사)가 없는 브래지어는 컵에 경계선이 없어서 티셔츠 안에 받쳐 입기 좋답니다.

가슴의 변화를 확인해요

생리가 시작되기 직전에는 가슴이 평소보다 부풀고 단단해지며 따끔거릴 거예요. 이는 정상적인 현상이지만 일단 첫 생리를 시작했다면 생리가 끝날 때마다 가슴에 혹이 있거나 다른 변화가 있는지 확인하세요. 거울 앞에 서서 손바닥으로 다음과 같은 사항을 체크해 봐요.

* 가슴 피부가 다른 부위의 피부와 다르게 보이거나 이상하게 느껴지는지, 특히 푹 파이거나 붉어지거나 거칠어지지 않았나요?
* 갑자기 가슴에 응어리가 만져지나요?
* 한쪽 가슴만 아픈가요?
* 유두에서 액체 같은 것이 나오나요? 유두 주위의 털과 작은 점은 정상이에요.
* 유두 모양에 변화가 있나요?
* 유두가 쓰라리거나 감촉이 달라졌나요?

위 질문들을 확인하면 가슴의 이상을 진단해 볼 수 있어요. 하지만 가슴에 몽글한 것이 만져진다든지 무언가 이상한 점을 발견하더라도 너무 심각하게 생각할 필요는 없어요. 10대에 가

습과 관련된 병이 생길 확률은 아주 낮거든요. 그렇지만 위 질문에 해당하는 것이 있으면 만약을 대비해 의사를 찾아가서 검진을 받도록 하세요.

　유방암은 여성이 겪는 암 중에서 가장 흔한 암이에요. 2013년 기준 전 세계 여성의 암 사망 원인 중 1위이기도 하지요. 그렇지만 조기에 발견하면 완치가 가능하답니다.

6. 내부 생식기는 어디일까요

사춘기에는 호르몬 분비로 인해 몸집과 키, 가슴이 커져요. 또한 털과 여드름도 많이 나며 기분 변화가 심해져요. 그렇다면 실제로 여러분 몸속에서 어떤 변화가 일어나는 걸까요?

여러분의 몸은 성장하면서 아기를 갖기 위한 몸으로 변해요. 다시 말해 내부 생식기가 발달하지요. 내부 생식기는 몸속에 있기 때문에 보통 생리를 시작하기 전까지는 변화를 알아차리기가 어려워요. 소중한 자신의 몸을 위해, 건강한 여성으로서의 삶을 위해 내부 생식기에 대해 알아 둘 필요가 있어요.

내부 생식기의 구조는 다음 그림과 같아요. 생식기는 배 아래쪽 골반뼈 안에 있어요. 자궁과 난소 둘, 나팔관 둘, 그리고

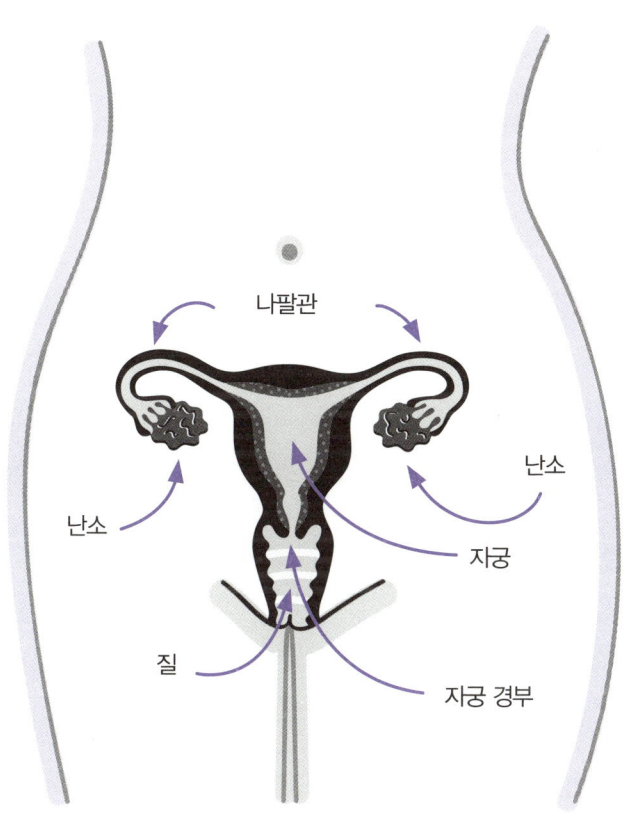

여성의 내부 생식기

질과 자궁 경부를 일컫지요.

• **난소**는 완전히 성장하면 작은 호두알 정도의 크기와 모양을 갖춰요. 난소는 난자가 저장되고 성호르몬이 생성되는
곳이에요. 여러분은 난소에 50만 개의 난원세포를 갖고 태어나며 이 난원세포들은 사춘기에 비로소 성숙한 난자가 되지요. 성숙한 난자는 한 달에 한 개씩 만들어져 생리 주기에 맞춰 배출돼요.

• **나팔관**은 연필 길이보다 조금 짧으며 충분히 성장하면 연필 정도 두께가 돼요. 호르몬이 난자를 배출하라는 신호를 보내면 한쪽 나팔관 끝이 아래로 내려와 난소와 만나면서 난소에서 배출한 난자를 자궁으로 보내요. 남녀가 성관계를 가질 때 난자와 정자(남성의 생식 세포)가 나팔관 안에서 만나면 하나로 합쳐져 수정란이 되지요. 수정란이 자궁에 도달해 착상(수정란이 자궁벽에 붙어 산소 및 영양분을 받을 수 있는 상태)이 이루어지면 임신이 되는 거예요.

- **자궁**은 태아가 자라는 곳이에요. 자궁은 평상시에 주먹 정도 크기이지만 태아가 자라기 시작하면 태아 크기만큼 커져요. 자궁벽에는 많은 혈관이 분포하고 있는데 사춘기가 시작되면 한 달에 한 번 자궁벽이 두꺼워져요. 그러다가 난자가 착상을 하지 못하면 자궁벽이 허물어지면서 질을 통해 밖으로 흘러나오죠. 이것이 바로 생리예요. 이 부분에 관해서는 8장과 9장에서 더 알아보도록 할게요.

- **자궁 경부**는 자궁과 질을 연결하는 좁은 통로예요. 보통 연필심 정도 두께이지만 출산할 때는 태아를 바깥으로 보내기 위해 50배나 넓어지지요.

- **질**은 근육으로 이루어진 관이며 길이는 10센티미터 정도예요. 질 역시 출산할 때 태아가 바깥으로 나올 수 있도록 일시적으로 넓어져요. 질 내부 샘에서 나오는 분비물은 질을 청결한 상태로 유지하고 감염으로부터 보호하는 역할을 해요.

자, 이제 내부 생식기에 대해 얼마나 제대로 이해했는지 알아볼까요? 퀴즈를 풀어 보세요.

퀴즈

1. 질은 무엇일까요?
   ① 성대의 다른 말
   ② 발에 있는 뼈
   ③ 내부 생식기의 근육으로 이루어진 관
   ④ 눈의 감각 기관 중 하나

2. 자궁 경부는 무엇일까요?
   ① 여성의 질병 중 하나
   ② 자궁과 질을 연결하는 좁은 통로
   ③ 위액을 만들고 분비하는 소화샘
   ④ 호흡 기관

3. 나팔관은 무엇일까요?
   ① 위와 큰창자 사이에 있는 대롱 모양의 관
   ② 속귀에 있는 달팽이 모양의 관
   ③ 코에 뚫린 두 구멍
   ④ 난자를 자궁으로 보내는 두 개의 관

4. 난소는 무엇일까요?
   ① 몸을 지탱하는 무른 뼈
   ② 입속의 침샘에서 분비되는 액
   ③ 위창자관의 일부
   ④ 난원세포가 저장된 곳

5. 자궁은 무엇일까요?
   ① 난자가 착상하는 곳
   ② 맛을 느끼며 소리를 내는 곳
   ③ 가슴뼈
   ④ 오줌주머니

정답: 1. ③ 2. ② 3. ④ 4. ④ 5. ①

7. 외부 생식기는 어디일까요

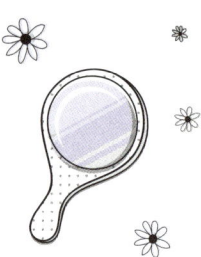

바깥쪽으로 드러난 생식기를 외부 생식기 또는 외음부라고 해요. 이는 두 다리 사이에 있어서 거울을 이용하면 볼 수 있어요. 몸의 다른 부위와 마찬가지로 사람마다 모양, 크기, 색깔 등이 달라요.

- **대음순**은 외음부의 바깥 테두리를 이루는 한 쌍의 도톰한 주름으로 외음부 내부를 보호하지요.
- **소음순**은 대음순 안쪽에 위치한 얇은 피부 주름으로 촉각에 민감해요.
- **음핵(클리토리스)**은 외음부 위쪽 부분과 소음순 사이에 위치

한 작은 돌기로 여성의 몸에서 가장 민감한 부분이에요.

- **질 입구**는 질을 비롯한 기타 내부 생식기와 연결되는 부위예요. 생리를 할 때 생리혈이 나오는 부분으로 훗날 태아가 나올 때에는 상당히 넓어져요. 질 입구는 '처녀막'이라는 얇은 막으로 덮여 있을 수 있어요. 처녀막 역시 사람마다 생김새가 달라요. 그리고 자신도 모르는 사이 파열되기도 해요.

생식기가 아니에요

- **요도**는 방광에 모인 소변이 배출되는 관이에요. 질 입구와 상당히 가까이 위치하지만 생식기는 아니랍니다.
- **항문**은 소화 기관 끝에 위치한 엉덩이 사이의 구멍으로 대변이 배출되는 곳이에요.

조심하세요

남성과 여성의 생식기를 의미하는 단어는 아주 다양해요. 그 중에는 다정하고 기분 좋게 들리는 단어도 있지만 그렇지 않은 단어도 있어요. 그런 단어를 알고 있다고 해서 다른 사람의 생식기를 무례하거나 상스럽게 부르면 안 돼요! 듣는 사람에게 큰 상처가 될 수 있어요.

알고 있나요?

　　자궁 안에 태아가 자라기 시작할 때는 성별을 파악하기가 어려워요. 그러다가 태아의 신체 기관이 대부분 완성되는 12주째에 접어들면 생식기 모양을 통해 남자아이인지 여자아이인지 구별할 수 있어요. 여자아이에게 음핵이 될 부분이 남자아이에게는 음경이 되지요.
　　남자아이의 생식기는 10장에서 자세히 살펴보도록 할게요.

8. 생리를 시작해요

'생리'를 하는 것은 사춘기 여자아이에게 일어나는 가장 큰 변화예요. 생리가 시작되면 달마다 며칠에 걸쳐 질을 통해 생리혈이 나와요. 처음 경험할 때는 이상한 느낌이 들고 적응하려면 시간이 걸릴 거예요. 하지만 이는 여러분의 몸이 제 기능을 다하고 있다는 신호이고 지극히 정상적인 현상이랍니다.

생리를 하는 이유는 다음과 같아요. 한 달에 한 번, 자궁벽은 혈액과 점액으로 가득 차면서 두꺼워져요. 난자와 정자가 만나 수정이 이루어진 수정란이 태아로 자랄 수 있도록 영양분을 공급하기 위해서예요.

그런데 수정이 이뤄지지 않거나 수정란이 자궁으로 도달하지 못할 경우 두꺼워진 자궁벽은 쓸모가 없죠. 결국 자궁벽은 허물어지면서 질을 통해 밖으로 흘러나와요.

난자는 남자와 여자가 성관계를 맺어야만 수정될 수 있어요. 생리를 한다는 것은 아기를 가질 수 있다는 신호이지요.

언제 시작할까요?

대부분의 여자아이는 9세에서 15세 사이에 생리를 시작하지만 그보다 일찍 시작하거나 늦게 시작하는 경우도 있어요. 평균 시작 연령은 13세예요.

첫 생리를 하게 되면 더 이상 아기를 가질 수 없는 폐경기(대략 50세)가 올 때까지 임신과 모유 수유 기간을 제외하고는 한 달에 한 번씩 생리를 해요. 일반적으로 평생 동안 4~500번 정도 하게 되지요.

첫 생리를 언제 시작할지 짐작해 볼 수 있는 방법이 있어요. 우선 생리를 시작하기 전 몇 달 동안 질 분비물의 양이 늘어나요. 또한 보통 가슴이 나오기 시작한 뒤 반년 정도 지나면 생리를 시작해요.

아직 브래지어를 착용하지 않았다면 첫 생리는 조금 더 기다려야 할 거예요.

생리를 시작하기 전에 생리와 대처 방법에 대해 미리 알아 두면 좋겠죠?

무슨 일이 일어날까요?

생리혈은 천천히 배출되기 때문에 계속 많은 양이 흘러나올까 봐 걱정할 필요는 없어요. 대부분 소변을 보러 갔다가 팬티에 묻은 적갈색 핏자국을 보거나, 잠을 자고 일어났을 때 이불이나 잠옷에 묻은 핏자국을 보고 첫 생리가 시작된 사실을 알게 되지요.

생리는 며칠 만에 끝나기도 하지만 일주일이 걸리기도 해요. 하지만 보통은 4~5일 만에 끝난답니다.

난소에서 난자가 배출되고 두꺼워진 자궁벽이 허물어져 생리를 하고 난 뒤 다시 자궁벽이 두꺼워지는 이 기간을 일컬어 생리 주기라고 부르는데 보통 28일이지만 더 짧거나 길 수도 있어요.

쉽게 설명하면 생리가 시작된 첫날부터 다음번 생리가 시작되기 전날까지의 기간이 생리 주기예요.

생리를 시작하고 처음 몇 달 동안은 생리 주기가 불규칙할 거예요. 하지만 1~2년이 지나면 규칙적으로 자리를 잡아요.

생리 날짜를 기록해요

규칙적으로 생리를 하기 시작하면 달력이나 일기장에 기록해서 다음번 생리가 언제 시작될지 예측할 수 있어요. 자신만의 표식을 만들어 다음번 생리 날짜에 표시를 해 두면 잊지 않고 대처할 수 있겠죠. 별표라든지 아무 표식이나 사용해도 좋아요.

무엇이 필요할까요?

생리가 시작되면 생리대나 탐폰이 필요해요. 생리대는 천이나 솜을 평평하게 만든 것으로 팬티에 붙여서 사용해요. 탐폰은 다량의 액체를 흡수할 수 있는 솜을 단단히 말아 놓은 것이에요.

생리대나 탐폰은 슈퍼마켓, 약국, 온라인 사이트 등에서 구입할 수 있으며 모양과 크기, 종류가 다양해요. 생리대는 질을 통해 밖으로 나오는 생리혈을 흡수하며 탐폰은 질 내부에 넣어 생리혈을 흡수하는 방식이지요.

생리대나 탐폰을 고를 때는 여러분이 원하는 제품을 선택하면 되지만 여러분보다 생리를 빨리한 친구나 언니, 엄마 또는

선생님에게 무엇을 사용하는지 물어
보고 조언을 얻는 편이 좋겠지요?

생리대에 대해 알아봐요

요즘 시중에 판매되는 생리대는 사용이 편리하며 착용감도 좋아요. 또 표시가 나지 않기 때문에 생리대를 했는지 안 했는지 다른 사람이 알 수 없어요.

생리대는 낱개별로 포장되어 있으며 뒷부분에는 팬티에 부착이 가능하도록 접착제가 붙어 있어요. 양옆에 날개가 달린 제품도 있는데 날개를 접어 팬티 아래에 부착하면 더욱 단단히 고정할 수 있지요.

어떤 크기의 생리대를 사용할지는 생리 양을 보고 결정해요. 생리를 시작한 지 둘째, 셋째 날이 되면 대형이나 중형 생리대를 사용하는 편이 좋아요. 생리혈이 가장 많이 나오는 기간이기 때문이에요. 또 잠자리에 들기 전에 오버나이트 생리대를 사용하면 다음 날 아침까지 생리혈이 샐까 봐 걱정할 필요 없어요.

생리대의 종류로는 '일반'이나 '날개', 혹은 '팬티 라이너'나 밤에 사용하는 '오버나이트' 등이 있어요. 처음에 여러 상표와 크기의 제품을 써 본 뒤 자신에게 가장 잘 맞는 제품을 선택하세요. 생리 양이 적거나 생리가 시작되고 끝날 때쯤에는 얇은 생리대인 팬티 라이너를 사용하면 좋아요.

낮 시간 동안에는 3~4시간에 한 번 생리대를 교체해야 하며 생리 양이 많은 경우에는 더 자주 갈아야 해요. 생리혈이 몸 밖으로 나올 때에는 아주 깨끗한 상태지만 공기 중의 박테리아와 접촉하면 시간이 지나면서 냄새가 나기 때문이에요.

9. 생리, 어떻게 해야 할까요

생리를 시작했다면 생리로 인한 문제가 발생했을 때 어떻게 대처해야 하는지 미리 알아 두세요. 그러면 문제가 생기더라도 덜 당황할 수 있어요.

생리 예정일이 가까워지거나 주기가 불규칙할 경우 작은 주머니에 관련 용품을 넣어 가지고 다니세요.

* 생리대 몇 장
* 물티슈나 화장지
* 피가 새어 나왔을 경우를 대비해 팬티 여벌
* 피가 묻은 팬티를 담을 수 있는 비닐봉지

당황하지 마세요

예정일이 아니거나 준비가 되지 않았는데 생리를 시작할 경우 생리대를 구할 때까지 우선 화장지 여러 겹을 겹쳐 팬티에 깔아 두세요.

보통 공중화장실에는 생리대를 파는 자동판매기가 있어요. 또한 여러분보다 나이가 많은 대부분의 여성은 생리를 하기 때문에 생리대를 가지고 다닐 거예요. 그들에게 빌려 달라고 할 수도 있겠지요. 학교에서는 보건 선생님에게 도움을 청하도록 하세요.

생각해 볼까요

생리혈이 묻은 속옷이나 이불, 수건을 손빨래하거나 세탁할 때는 미지근한 물을 사용해요. 뜨거운 물은 피를 굳게 만들기 때문에 핏자국이 잘 없어지지 않아요.

생리가 시작될 무렵과 생리 양이 많은 날에는 어두운색의 바지나 치마를 입어요. 생리혈이 옷 밖으로 새어 나올지도 모르니까요. 옷에 생리혈이 묻은 경우 일단 겉옷을 허리춤에 둘러 가린 뒤 나중에 옷을 갈아입거나 핏자국을 물로 지우세요.

이불에 생리혈이 묻었을 경우에는 걷어 내서 세탁기에 넣거나 물에 담가요. 절대 부끄러운 일이 아니니 엄마나 언니 혹은 여러분을 돌봐 주는 사람에게 말해 도움을 청해도 좋아요.

생리통 어떡할까요?

생리통을 겪지 않는 여자아이들도 있지만 대부분은 생리통을 겪기 마련이에요. 생리를 할 때 아랫배 혹은 등허리 쪽에 통증이 오는데 이는 자궁이 생리혈을 밖으로 내보내기 위해 수축하기 때문이에요. 생리통이 있을 때는 아래처럼 해 보세요.

* 스트레칭 같은 가벼운 운동을 해요.
* 따뜻한 물이 담긴 병 또는 찜질용 팩을 배에 대거나 따뜻한 물에 가볍게 샤워해요.
* 의사와 상의한 뒤 진통제를 먹어요.
* 일찍 잠자리에 들고 숙면을 취해요.

생리전 증후군이 무엇일까요?

생리를 시작하기 약 일주일 전에 발생하는 증상이에요. 이유는 확실하지 않지만 호르몬 변화 때문으로 여겨지고 있어요. 생리전 증후군은 다음과 같아요.

* 짜증이 나고 기분이 오락가락하며 우울해요.
* 괜히 눈물이 나고 몸에 힘이 없어요.
* 가슴이 커지고 아파요.
* 배가 볼록해져요. 자궁이 평소보다 많은 양의 액체를 저장하고 있기 때문이에요.
* 얼굴에 뾰루지가 나요.
* 두통이 있어요.
* 피곤하고 나른해요.
* 달거나 짠 음식, 탄수화물 함유량이 높은 음식이 먹고 싶어져요.

생리전 증후군, 이렇게 해 보세요

사람마다 신체 각 부위의 모양과 크기가 다른 것처럼 생리전 증후군도 다르게 나타나요. 생리전 증후군을 매달 겪는 사람도 있지만 아무런 증상이 없는 사람도 있어요. 완벽한 치료법은 없지만 생리전 증후군 때문에 힘들다면 이렇게 해 보세요.

* 견과류, 채소, 과일 등 몸에 좋은 간식을 먹어요.
* 가벼운 운동을 해요.
* 물을 많이 마셔요.
* 소금 섭취량을 줄여요.
* 차, 커피, 에너지 음료, 콜라, 초콜릿 등 카페인이 들어간 음식을 피해요.
* 평소보다 수면 시간을 늘려요.
* 의사와 상의하여 생리전 증후군 치료제를 먹어요.

자주 묻는 질문

"생리 중인 것을 남이 알 수 있나요?"

여러분이 말하지 않으면 아무도 몰라요. 매일 씻고 생리대를 3~4시간마다 새것으로 바꿀 경우 아무런 냄새가 나지 않아요. 하지만 생리대를 착용하고 몸에 딱 달라붙는 옷을 입었다면 티가 날 수도 있죠. 따라서 생리 중에는 달라붙는 옷을 입지 않는 편이 좋아요. 그리고 생리혈이 샐지도 모르니 어두운색의 옷을 입도록 해요.

"생리 중에 운동을 해도 되나요?"

산책, 스트레칭 같은 가벼운 운동은 생리통을 완화시키는 데 도움이 돼요. 하지만 심한 운동은 피하는 게 좋아요.

"생리 중에 목욕을 해도 되나요?"

따뜻한 물에 가볍게 샤워를 할 경우 생리통이 완화돼요. 하지만 욕조에 들어가 몸을 담그는 것은 좋지 않아요. 샤워 뒤 수건으로 몸을 닦을 때 생리혈이 수건에 묻을까 봐 걱정된다면 휴지를 몇 겹 말아서 다리 사이에 대고 몸을 닦도록 해요.

"생리 중에 생식기를 청결하게 하는 제품을 사용해야 하나요?"

아니에요. 청결제는 외음부와 질을 씻을 수 있는 여성 전용 제품으로 질염 예방에 도움이 돼요. 하지만 생식기와 주변 부위을 잘 씻고 생리대를 규칙적으로 갈고 깨끗한 속옷을 입으면 청결제를 별도로 사용할 필요는 없어요.

"생리 중에 보조 식품이나 비타민을 섭취해야 하나요?"

건강하고 균형 잡힌 식사를 하고 있다면 특별히 보조 식품이나 비타민을 섭취하지 않아도 된답니다. 물론 생리 기간 중 생리혈이 빠져나가면 철분이 부족해져 피로를 느낄 수 있어요. 그럴 경우 음식을 통해 철분을 섭취하도록 해요. 견과류, 육류, 콩, 조개류, 해조류, 달걀 노른자 등이 좋아요.

생각해 볼까요

생리 중이라는 것을 남들이 알아차릴까 봐 지나치게 걱정될 경우 주위 여성인 엄마나 친구들을 둘러보세요. 누가 생리 중이고 아닌지 겉으로 봐서 알 수 있나요?

생리에 관해 더 궁금한 점이 있나요? 그렇다면 엄마나 보건 선생님, 여러분보다 나이가 많은 여성에게 언제든지 물어보세요. 친절히 답해 줄 거예요.

이럴 때는 병원에 가세요

생리를 하는 것은 아주 자연스러운 일이며 여러분이 건강하다는 신호이지만 의사의 조언이 필요한 경우도 있어요. 다음 증상이 나타날 경우 반드시 병원에 가야 해요.

* 생리통이 너무 심해서 일상생활에 지장이 있을 경우. 예를 들어 학교에 가지 못하거나 운동을 할 수 없을 때
* 매달 심각한 생리전 증후군을 겪을 경우
* 생리대를 두 시간에 한 번씩 갈아야 할 정도로 평소보다 생리혈이 많이 나올 경우
* 생리 주기가 규칙적이었는데 두 달 넘게 생리를 하지 않거나 양이 급격히 줄었을 때
* 16세가 되었는데도 생리를 시작하지 않을 경우
* 생리 기간이 7일 이상이거나 3일 이하일 경우
* 생리가 끝나고 다음번 생리가 시작되기 전인데 계속 생리혈이

조금씩 나올 경우
* 질에서 평소와 다른 분비물이 나올 경우
* 소변을 볼 때 쓰리거나 따끔할 경우
* 질이나 외음부가 가렵거나 쓰릴 경우

10. 남자아이의 몸은 어떻게 변할까요

   남자아이 또한 사춘기에 많은 변화를 겪어요. 여자아이와 마찬가지로 남자아이도 몸에서 일어나는 변화에 대해 염려하고 걱정하지요.

   남자아이들의 경우 10세에서 18세 사이에 성장과 함께 성적 발달이 시작돼요. 보통 13세에서 14세 사이에 시작되는 것이 일반적이에요.

   다음은 남자아이 몸에 일어나는 변화로 여자아이와 비슷한 부분도 있어요.

   * 키와 몸집이 커지며 근육량이 늘어나요.

* 몸무게가 늘어나요.
* 땀이 많이 나요.
* 두피와 피부에 피지가 많이 분비되며 여드름이 나요.
* 얼굴에 수염이 나고 가슴, 등에 털이 나요.
* 겨드랑이와 성기 주변에도 털이 나요.
* 목소리가 굵어지고 말할 때 갈라지는 소리가 나와요.
* 목젖이 더 튀어나와요.
* 성기(음경과 고환)가 발달하며 커져요.
* 발기가 자주 일어나요.
* 정자가 만들어지기 시작하고 사정이 가능해져요.
* 젖꼭지가 아프거나 가슴이 조금 솟아요.

남자아이의 몸은 어떻게 되어 있을까요?

• 남자아이에게는 두 개의 **고환**이 있는데 이곳에서 정자와 남성 호르몬이 생성된답니다. 다 자란 고환은 작은 자두 정도의 크기예요. 고환은 음경 아래에 달린 **음낭**이라는 주름지고 털이 많은 주머니 안에 위치해요. 음낭은 몸의 다른 부위에 비해 어두운색을 띠지요.

남성의 생식기

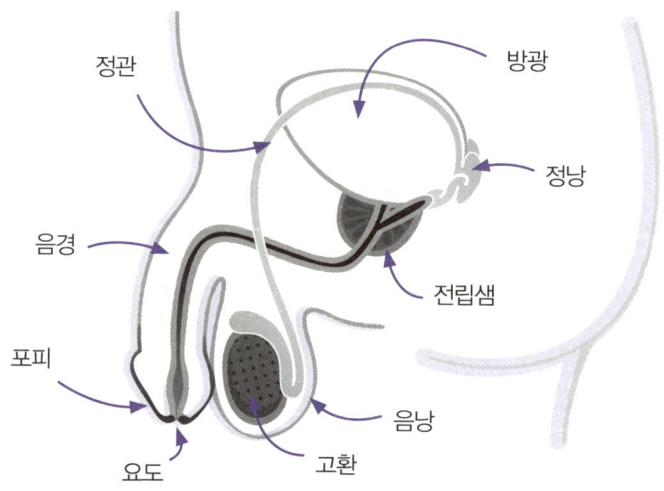

- **음경**은 귀두(머리)와 몸통, 두 부분으로 되어 있어요. 귀두는 상당히 민감한 부위로 포피라는 피부 한 겹이 귀두를 보호하고 있어요. 대부분 위생적인 측면에서 포경 수술을 받아 포피를 제거하는데, 종교적·문화적인 이유로 수술을 받는 경우도

있어요. 음경 안에는 근육이나 뼈가 없어요. 그래서 평상시에는 말랑말랑한 상태로 아래로 처져 있지만 성적으로 흥분하면 혈액이 가득 차면서 크고 단단해져 위를 향해요. 이를 일컬어 '발기'라고 해요.

- '정자'는 **정관**을 통해 음경에 도달해요. 정자가 이동하는 동안 **정낭**과 **전립샘**에서 분비되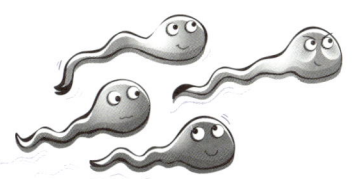
는 두 가지 점액과 합쳐지면 정액이 되지요. 성적으로 흥분하면 정액은 음경에 난 구멍을 통해 밖으로 나와요. 이것을 '사정'이라고 해요. 방광에 저장되어 있는 소변 또한 요도를 지나 음경의 구멍을 통해 밖으로 나오지만 소변과 정액이 동시에 나오는 일은 없어요.

남자아이들은 어떤 고민을 할까요?

남자아이들은 사춘기에 생리를 하거나 브래지어를 입지 않아요. 그렇지만 남자아이들도 몸의 변화에 당황하거나 걱정하며 사춘기를 겪는 것이 쉽지 않아요. 남자아이들의 걱정거리는 다음과 같아요.

"목소리가 이상해요!"

남자아이들은 성장하면서 성대(후두 중앙부에 있는 소리를 내는 기관)가 굵고 길어져요. 그래서 목소리가 굵어지거나 갈라지지요. 이러한 증상을 '변성기'라고 해요. 남자아이들은 대부분 13세부터 변성기 증상이 나타나요.

"언제 면도를 시작해야 할까요?"

사춘기를 겪는 남자아이들은 턱과 입 주변에 수염이 자라기 시작해요. 뽀송뽀송한 수염이 드문드문 나기 시작하면서 점점 굵어져요. 개인의 필요에 따라 면도를 하면 된답니다.

"내 성기가 작은 건 아닐까요?"

남자아이들은 자신의 키와 몸집이 충분히 큰지, 근육이 적당한지 등을 걱정해요. 특히 친구들보다 자신이 작을 경우에는 더 그렇지요. 음경의 크기와 모양 또한 큰 걱정거리일 수 있는데 많은 남자아이들은 자신의 음경이 남들에 비해 작다고 생각해요. 하지만 몸의 다른 부위와

마찬가지로 음경 또한 사람마다 제각각이며 올바른 크기와 모양은 없어요. 그리고 음경의 크기는 각자 다르지만 발기가 일어났을 때 크기는 거의 비슷해요.

"내가 여자아이로 변해 가고 있는 것은 아닐까요?"

어떤 남자아이들은 사춘기에 유두가 쓰라리거나 가슴이 봉긋하게 솟을 수 있어요. 하지만 호르몬 수치가 안정되면 이러한 현상은 사라져요. 사춘기에 일어나는 자연스러운 현상 중 하나랍니다.

"당황스러워요!"

사춘기 남자아이들은 성적인 생각을 하지 않아도 종종 발기가 일어나요. 예상치도 못한 순간에 발기되는 바람에 당황스러운 상황이 생길 수도 있지요.

"침대가 젖었어요!"

대부분의 사춘기 남자아이들은 성적인 꿈을 꾸고 난 아침에 사정한 흔적을 발견해요. 잠을 자다가 사정하는 현상을 '몽정'이라고 하지요. 이불에 얼룩이 남고 처음이라 당황스러울 수

있지만 지극히 정상적인 현상이에요.

"감정 조절이 안 돼요."

사춘기를 겪는 남자아이들은 여자아이들과 마찬가지로 감정 변화의 폭이 커져요. 호르몬 수치의 변화와 뇌 발달로 인해 기분이 갑자기 변하거나 화가 나지요.

"냄새가 나는 것 같아요."

남자아이들 또한 사춘기에 피지나 땀 분비가 많기 때문에 청결에 더욱 신경 써야 해요. 겨드랑이, 머리, 성기, 발 등을 깨끗이 씻고 양치질을 잘하며 속옷을 규칙적으로 갈아입어야 한답니다.

11. 피부는 어떻게 변할까요

 사춘기에는 피부에 유분이 많아지고 여드름이 생겨요. 주로 얼굴이나 앞가슴에 나타나기 시작하지요. 다행히 이러한 변화에 도움이 되는 여러 가지 방법이 있어요. 그러니 너무 걱정하지 마세요.

여드름은 왜 날까요?

 여드름, 뾰루지와 같은 작고 붉은 부스럼은 남의 눈을 의식하게 만드는 10대들의 골칫거리예요.

 여드름은 피지가 갑자기 많아져서 생기는 것인데 사실 피지는 평생 동안 몸에서 분비돼요. 피지는 모공이나 모낭이라 불리는 피부의 작은 구멍을 통해 밖으로 배출돼 피부가 건조해지는 것을 막지요.

사춘기가 되면 호르몬 수치의 변화로 피지 분비가 왕성해지면서 이 피지가 털구멍이나 피지샘을 막아요. 그러면 그 안에 박테리아가 번식하면서 여드름이 나는 거예요. 여드름은 10대 때 생기는 일반적인 현상이에요.

피지가 많아지면 모낭을 막아
여드름이 생겨요

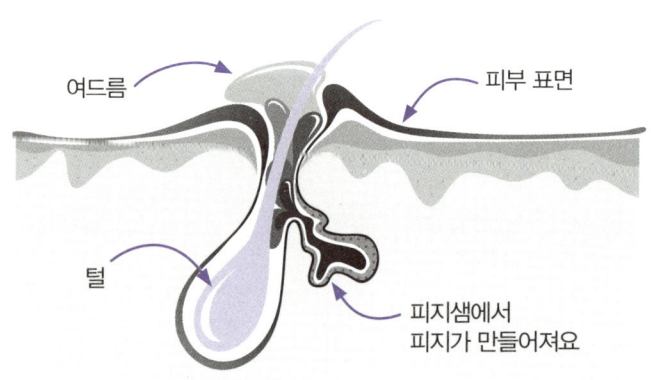

어떻게 해야 할까요?

여드름에 대처하는 방법은 사람마다 다르지만 아래 내용을 참고하세요.

* 물을 충분히 마시고 건강에 좋은 음식을 먹어요. 감자칩과 초콜릿을 많이 먹는다고 뾰루지가 나는 것은 아니지만 될 수 있으면 적게 먹는 것이 좋아요.
* 하루에 두세 번 여드름 전용 세안제나 항균 비누로 세수를 해요. 헹굴 때는 따뜻한 물로 살살 문질러요.
* 여드름 전용 화장품이나 항균 연고를 사용해요.
* 손과 손톱을 청결하게 유지하며 여드름을 짜거나 만지지 마세요. 그럴 경우 여드름이 더 심해지거나 흉터가 생길 수 있어요.
* 얼굴에 머리털이 닿지 않게 하고 머리를 매일 감아요. 여드름을 가리기 위해 머리를 내리면 오히려 여드름이 심해질 수 있어요.
* 여드름이 심하면 가까운 피부과에 가 보세요. 빠르고 효과적인 해결책을 제안해 줄 거예요.

짜야 하나요, 짜지 말아야 하나요?

모든 사람이 여드름을 짜지 말라고 할 거예요. 하지만 이를

> **알고 있나요?**
>
> 여드름이나 뾰루지는 생리가 시작되기 며칠 전에 심해질 수 있어요. 하지만 생리가 시작되면 점차 나아지기 시작해요.

참기란 힘들어요. 여드름을 짜지 말라는 이유는 짤 경우 여드름이 더 크고 붉게 변할 뿐만 아니라 통증이 심해지고 염증과 흉터가 생길 수 있기 때문이에요.

하지만 꼭 짜고 싶다면 아래에 나온 안전한 방법을 따르도록 하세요. 단 중요한 약속이 있는 전날에는 되도록 짜지 않는 게 좋아요!

* 손을 깨끗이 씻은 뒤 면봉을 이용해요. 손톱이니 바늘, 족집게를 사용하는 건 좋지 않아요.
* 아무것도 나오지 않을 경우 더 이상 짜지 마세요. 계속 짜면 염증이 생겨요.
* 짠 다음에는 화장지나 화장솜으로 여드름을 닦아 낸 뒤 항균 연고를 발라 가볍게 두드려 주세요.

> **생각해 볼까요**
>
> 거의 모든 사람들은 얼굴에 여드름이 나요. 그래서 대부분의 사람들은 여드름으로 인한 고민에 공감하며 여드름이 많이 나도 이상하게 보지 않아요. 그러니 여드름 때문에 지나치게 걱정하지 마세요.

여드름을 가리고 싶나요?

두꺼운 화장을 해서라도 여드름을 가리고 싶나요? 하지만 장기적으로 봤을 때 화장은 여드름을 더욱 악화시킬 뿐이에요. 화장품이 모공을 막으면 여드름이 더 많이 나기 때문이지요.

되도록 화장을 하지 않는 편이 좋으며 꼭 여드름을 가리고 싶다면 잡티를 가리는 데 쓰는 화장품인 컨실러를 사용하는 편이 좋아요. 이때 반드시 자신의 피부색에 맞는 제품을 고르도록 하세요.

최근에 나온 여드름 전용 제품들은 아주 효과적이에요. 따라서 여드름 때문에 스트레스를 받을 경우 피부과나 화장품 가게에 가 보세요.

청결을 유지해요

몸에서 좋은 향이 나길 바란다면 예전보다 더 자주 씻어야 해요. 여러분의 몸이 예전보다 지저분해서가 아니라 사춘기가 되면서 땀 분비가 많아졌기 때문이에요. 땀은 처음 만들어질 때에는 냄새가 나지 않지만 박테리아와 접촉하면 불쾌한 냄새를 풍기기 시작해요.

땀샘은 몸 전체에 골고루 분포되어 있지만 특히 겨드랑이와 생식기 주변에 집중되어 있어요. 그렇기 때문에 불쾌한 냄새를 풍기지 않으려면 샤워나 목욕을 자주 하고 적어도 이 부위를 매일 씻어야 해요. 운동 후에는 더욱 신경 쓰고 예전보다 속옷과 양말을 더 자주 갈아입도록 해요.

햇볕을 조심해요

햇볕에 피부를 태우면 건강해 보인다고 생각하지만 사실 자외선은 피부를 상하게 만들어요. 기미가 생기고 피부암이 발생할 수도 있어요.

밖에서 적당한 시간 동안 햇볕을 쬐는 것은 건강에 도움이 되지만 그럴 경우 피부를 보호하기 위해 반드시 선크림을 발라 주세요. 선크림에는 SPF(자외선 차단 지수)가 표시되어 있는

> **알고 있나요**
>
> 생식기 부위의 감염과 염증을 막기 위해서는 미지근한 물로 그 부위를 살살 닦은 뒤 잘 말려 줘야 해요. 질에서 분비물이 나오는 것은 자연스러운 현상이며 건강하다는 신호예요. 그러니 너무 세게 닦지 마세요.
>
> 질이나 그 주위가 가렵거나 쓰라리고 불쾌한 냄새가 나면 염증일 우려가 있으니 반드시 병원에 가도록 하세요.

데 수치가 높을수록 자외선을 오래 차단해요. 하지만 선크림은 3~4시간 정도 지나면 피지와 땀으로 인해 효력이 떨어지므로 일정 시간마다 덧바르는 것이 좋아요.

피부를 건강하게 유지할 수 있는 방법

* 반드시 UVA(자외선 A)와 UVB(자외선 B)를 모두 막아 주는 선크림을 사용해요.

* 수영을 하고 난 뒤, 땀을 흘린 뒤, 수건으로 닦은 뒤에 밖으로 나갈 때는 선크림을 다시 발라요.
* 햇볕이 가장 강한 오전 11시에서 오후 3시 사이에는 지나친 야외 활동을 피해요.
* 햇볕에 피부가 타도록 내버려 두지 마세요. 모자를 쓰거나 긴소매 또는 긴바지를 입어 피부를 보호하세요.
* 정말로 피부를 태우고 싶을 경우 의사와 상의한 뒤 안전한 방법을 선택하세요.

머리에 유분이 많아요

그럴 경우 간단한 해결책이 있어요. 머리를 더 자주 감고 지성 두피 전용 샴푸를 사용하는 거예요. 머리가 심한 지성일 경우 매일 감아야 하며 한 번 감을 때 두 번씩 샴푸하고 깨끗하게 헹구는 것도 하나의 방법이에요. 두피가 아닌 머리카락 끝에만 린스를 하는 것 또한 유분을 줄이는 데 도움이 되며 미지근한 물로 헹구는 것이 좋아요.

12. 치아와 손톱은 어떻게 관리할까요

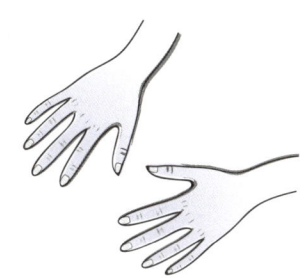

어렸을 때에는 엄마나 아빠, 혹은 여러분을 돌봐 주는 사람이 손톱을 깎아 주고 양치질을 잘하는지 매일 확인했을 거예요. 하지만 이제부터는 여러분 스스로 책임져야 해요. 지금 좋은 습관을 들여야 나이가 든 뒤에도 치아와 손톱을 깨끗하게 유지할 수 있으니까요.

치아를 건강하게 관리해요

충치의 가장 큰 원인은 당분이 높고 끈적거리는 음식이에요. 대표적인 예로 탄산음료나 사탕, 치아에 잘 들러붙는 캐러멜이 있어요.

따라서 건강한 치아를 유지하기 위해서는 탄산음료보다 물이나 우유를 마시고 설탕이 많이 든 음식은 피해야 해요. 다음은 치아와 잇몸을 건강하게 유지하는 방법이에요.

* 치약을 사용해 매일 아침저녁으로 이를 닦아요.
* 2~3개월에 한 번 칫솔을 바꿔요. 시간이 지나면 칫솔 모가 닳아 잇몸을 손상시키고 이가 제대로 닦이지 않기 때문이에요.
* 치실이나 치간 칫솔을 사용해 치아 사이에 낀 음식물 찌꺼기나 박테리아를 제거해요.
* 6개월에 한 번 치과를 방문해 정기 검진을 받아요.

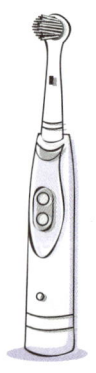

가지런한 치아를 갖고 싶어요

치아가 고르지 못하면 웃거나 이야기할 때 신경이 쓰이고 음식을 먹을 때 음식물이 자주 끼기도 해요. 최근 아름답고 건강한 치아를 위해 1~2년 동안 교정을 하는 사람이 늘어나고 있어요. 만약 지금 교정 중이라면 이 기간이 상당히 길게 느껴지겠지만 가지런한 치아를 갖기 위해 꼭 필요한 과정이라고 생각하세요.

치과에서 피해야 할 음식과 음료를 말해 주면 잘 새겨듣고, 치아와 교정기를 닦는 방법도 명심하세요. 언젠가는 교정기를 제거하고 예쁜 미소를 선보일 날이 올 거예요. 치아가 가지런해지면 이 닦기도 한결 쉬워지겠죠?

손톱을 건강하게 관리해요

손톱을 건강하게 유지하는 데에는 오랜 시간이나 돈이 필요하지 않아요. 놀랍게도 여러분이 할 수 있는 가장 훌륭한 방법은 건강에 좋은 음식을 먹는 거예요.

손톱이 건강하게 자라려면 철분, 칼슘, 비타민 B, 칼륨이 필요하며 이러한 영양소는 치즈, 우유, 요구르트, 호두, 과일, 채소, 육류, 콩에 들어 있어요. 건강에 좋은 음식에 관해서는 다음 장에서 더 자세히 알아볼게요.

다음은 손톱을 건강하게 관리하는 방법이에요.

* 손톱 전용 가위나 손톱깎이로 손톱을 다듬어요. 바깥에서 안쪽으로 깎고, 열 개의 손톱이 같은 모양과 길이를 갖도록 전체적으로 보기 좋게 깎아요.

* 손톱에도 핸드크림을 발라요. 바셀린, 핸드밤, 올리브유 또한 손톱이 부러지는 것을 막는 데 도움이 돼요.
* 손톱 사이가 더러운 것은 보기에도 좋지 않고 위생상으로도 좋지 않으므로 손톱 사이를 자주 닦아요.
* 손톱을 물어뜯지 않도록 해요. 이 습관은 고치기가 매우 어려워요. 만약 이런 습관이 있다면 손톱 물어뜯기 방지용 크림이나 로션을 발라 보세요. 이 제품들은 이상한 맛이 나서 손톱 물어뜯는 것을 막아 줘요.

13. 건강에 좋은 음식을 먹어요

사춘기에는 더욱더 신경 써서 몸에 좋은 음식을 섭취해 건강을 유지해야 해요. 그래야 몸이 정상적으로 튼튼하게 성장할 수 있어요.

건강한 식습관을 유지하면 기운이 날 뿐만 아니라 머리, 피부, 손톱에도 윤기가 흐르며 질병을 예방할 수 있어요. 건강한 식습관이란 규칙적인 시간에 몸에 좋은 음식을 적당량 먹는 것을 말해요.

음식을 먹을 때 갖가지 영양소가 담긴 여러 종류의 식품을 골고루 섭취하세요. 먼저 식품을 다음과 같은 다섯 가지 영양소로 분류해 보았어요.

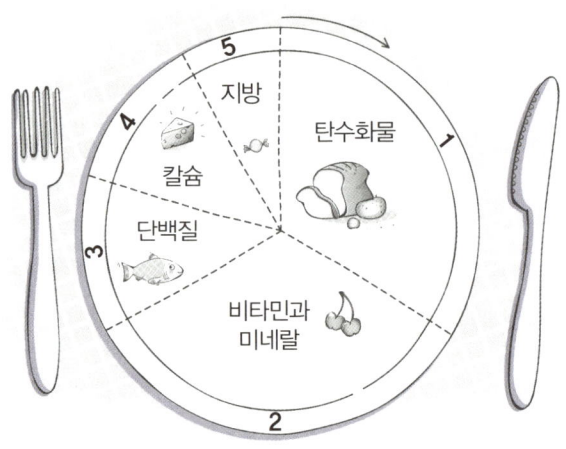

1. 빵, 감자, 쌀, 파스타, 국수, 시리얼

탄수화물 함유량이 많은 곡류나 전분류 식품들은 에너지원이 된답니다. 여러분이 먹는 음식 중 3분의 1이 이 식품군으로 이루어져야 해요.

2. 과일과 채소

몸의 여러 기능을 조절하는 비타민과 미네랄은 필수적으로 필요한 영양소인데 과일과 채소에서 얻을 수 있어요. 따라서 적어도 하루에 여러분 주먹 크기의 다섯 배 정도 되는 양을 먹어야 해요.

3. 고기, 생선, 달걀, 콩

이 식품들에는 단백질이 많이 들어 있어요. 단백질은 성장하는 데 꼭 필요한 영양소이기 때문에 사춘기인 여러분은 이 식품들을 통해 약 60g 정도의 단백질을 매일 먹어야 한답니다. 두부처럼 콩으로 만든 음식도 이 식품군에 포함돼요.

4. 우유, 치즈, 멸치

유제품과 멸치, 두부 등에는 칼슘이 들어 있어요. 칼슘은 튼튼한 뼈와 치아를 위해 필요해요. 여러분이 섭취해야 하는 하루 권장 칼슘양은 하루에 800mg 정도예요.

5. 기름, 호두, 땅콩

지방은 몸에 꼭 필요하지만 요즘 아이들은 지방을 필요 이상으로 섭취해 건강상 문제를 일으키고 있어요. 피자, 치킨, 아이스크림, 정크푸드(열량은 높지만 영양가는 낮은 패스트푸드·인스턴트식품) 등은 너무 많이 먹지 마세요. 가능하면 올리브유, 옥수수유, 호두 및 종자유, 어유 같은 식물성 지방을 섭취하고 코코넛유,

혹은 버터나 크림 같은 동물성 지방은 피하는 것이 좋아요.

어떻게 먹어야 하나요?

사춘기에는 빠르게 성장하기 때문에 많은 열량이 필요해요. 그러므로 여러분은 성인 여성의 권장 열량만큼 먹어야 해요. 이때 몸 상태를 수시로 확인하며 먹는 것이 좋아요.

당연한 말이지만 배고플 때 먹어야 하며 뇌와 위가 음식을 먹었다는 걸 받아들일 시간이 지난 뒤에도 배가 고프다면 더 먹도록 해요.

음식이 맛있을 경우 필요 이상으로 많이 먹을 수 있어요. 특히 몸에 좋지 않은 음식을 먹을 경우에 더욱 그렇지요. 자, 먹으면서 건강과 몸매를 유지하는 방법을 알아보도록 해요.

아침을 먹어요

아침에 일어나면 여러분의 몸과 뇌는 활동하기 위한 연료가 필요해요. 아침을  거를 경우 오전에 설탕이나 소금 함유량이 많은 간식에 손이 갈 확률이 높아요. 그리고 해야 하는 일에 제대로 집중할 수 없지요. 밥을 먹기가 부담스럽다면 가볍게 죽이나 샐러드, 과일

주스 등을 먹는 것도 좋아요. 아침을 꼭 챙겨 먹도록 해요.

규칙적으로 먹어요

하루 세끼를 제때 챙겨 먹으며 끼니 사이에 배가 고플 경우 몸에 좋은 간식을 먹어요. 과일, 호두, 치즈 또는 채소 등을 먹으면 좋지요. 너무 오랫동안 음식을 먹지 않으면 혈당이 떨어져 피곤하고 기분이 나빠질 수 있어요.

통밀 음식을 먹어요

가능하면 통밀로 된 빵, 파스타, 시리얼을 먹어요. 통밀 음식을 먹으면 오랫동안 기운이 나며 우울해지는 것도 막을 수 있어요. 노화 방지에 도움을 줄 뿐만 아니라 다이어트에도 효과적이지요. 게다가 통밀 음식을 통해 비타민과 미네랄, 섬유소도 섭취할 수 있지요.

탄산음료를 피해요

탄산음료에는 많은 양의 설탕과 인공 첨가물이 들어 있어 건강에 좋지 않아요. 탄산음료 대신 하루에 물을 여섯 잔 이상 마셔요. 물병을 들고 다니면서 계속 채워 마시면 좋겠죠?

음식에 소금을 추가하지 마세요

세계 보건 기구가 권장하는 하루 소금 섭취량은 5g 정도예요. 찻숟가락으로 한 스푼 정도지요. 하지만 대부분의 사람들은 음식을 통해 권장량보다 두 배나 많은 소금을 섭취해요. 소금을 많이 섭취할 경우 고혈압 등 각종 질병에 걸릴 수 있으므로 되도록 짠 음식은 피하는 것이 좋아요.

생선을 먹어요

생선에는 단백질, 비타민, 미네랄이 많이 들어 있으며 구울 경우 칼로리가 낮아져요. 연어, 고등어, 정어리, 청어처럼 기름기가 많은 생선은 오메가-3 지방산을 함유하고 있으며 이는 온갖 질병과 피부 질환에 효과적이라고 알려져 있어요. 또한 오메가-3 지방산이 두뇌가 활발히 작용하도록 돕는다고 주장하는 과학자들도 있답니다.

과일과 채소를 충분히 먹어요

신선한 과일과 채소뿐만 아니라 설탕을 첨가하지 않은 냉동 과일이나 통조림, 건포도나 건살구처럼 말린 과일도 포함된답니다. 한 번에 많이 먹는 것보다는 여러 번에 걸쳐 나눠 먹는 것이 좋아요. 한국 영양학회에서는 과일이나 채소를 하루에 400~500g 정도 먹어야 한다고 권장하는데 이것은 보통 크기의 접시를 기준으로 세 접시 이상이랍니다. 그러니까 과일이나 채소를 한 끼니에 최소 한 접시는 먹어야 한다는 말이지요. 또 이왕이면 여러 색깔의 과일과 채소를 골고루 먹는 게 좋답니다.

살이 쪄서 고민인가요?

사춘기가 되면 대부분의 여자아이들은 외모에 예민해지기 시작해요. 그리고 대개 자신이 너무 뚱뚱하다고 생각해요. 하지만 사춘기는 살찌는 것이 당연한 시기로 특히 배와 엉덩이 부분에 살이 찌면서 체형이 변해요.

적당한 몸무게를 유지하기 위해서는 규칙적으로 운동하고 건강에 좋은 음식을 먹어야 해요. 불필요한 다이어트는 하지 않는 것이 좋아요. 건강이 나빠지고 다이어트 중단 시 부작용으로 인해 살이 더 찌기 때문이에요.

여러분은 자신을 친구들이나 모델, 연예인과 쉽게 비교하지만 사람마다 체형과 몸무게는 다르기 마련이에요. 식습관뿐만 아니라 유전자의 영향을 받기도 하지요. 몸무게가 너무 많이 나갈까 봐 걱정될 경우 보건 선생님이나 의사 선생님과 이야기해 보세요. 여러분의 체질량 지수(BMI)를 측정하고 나이와 키에 비해 몸무게가 많이 나갈 경우 어떻게 해야 할지 조언해 줄 거예요.

생각해 볼까요

잡지에 나오는 모델은 키도 크고 아주 날씬해요. 모델들은 화장 전문가, 미용사, 의상 디자이너 등의 손을 거친 뒤 컴퓨터 작업을 통해 완벽한 모습으로 잡지에 실리게 되니까요.

여러분의 모습을 이렇게 조작된 사진과 비교할 경우 자신이 뚱뚱하다고 느낄 수 있어요. 여러분의 몸무게가 표준인데도 말이죠.

계속해서 자신을 다른 이들과 비교하면 자신을 사랑하지 못해 결국 불행해지고 말 거예요. 그러니 절대로 비교하지 마세요.

비교하고 자책하는 시간에 차라리 운동을 해서 몸매를 가꾸세요. 마른 몸보다 건강한 몸이 훨씬 보기 좋아요.

사춘기에 무리한 다이어트는 좋지 않아요

* 다이어트를 지나치게 할 경우 살이 더 찔 수 있어요. 몸은 굶주리고 있다고 생각하면 자동적으로 지방을 더 저장하려고 하기 때문이에요.
* 사춘기인 여러분은 성장을 위해 다양한 종류의 음식을 먹어 건강을 유지해야 하는데, 다이어트를 할 경우 여러분에게 필요한 영양분을 섭취할 수 없게 돼요.
* 다이어트를 한다고 여러분이 원하는 모습대로 되지는 않아요. 매력적인 몸매를 위해서는 적당한 운동이 필요해요.
* 굶을 경우 섭식 장애를 일으킬 확률이 그렇지 않을 경우보다 열여덟 배나 높아요.

섭식 장애란 무엇일까요?

식습관에 대한 문제가 통제할 수 없는 수준에 이르면 한 사람의 삶이 흔들리게 되지요. 그 사람은 건강이 나빠지고 불행해지며 섭식 장애를 앓을 수도 있어요.

섭식 장애란 먹는 것과 관련된 이상 행동과 생각을 통틀어 일컫는 말이에요. 남자아이들보다 여자아이들에게서 많이 나타나지요.

거식증

거식증은 음식 먹는 것을 거부해 거의 굶는 수준에 도달하는 경우를 말해요. 거식증을 앓고 있는 여자아이들은 자신이 뚱뚱하다고 생각해요. 남들이 보기에는 지나치게 말랐는데도 말이에요.

거식증의 부작용에는 피로, 복통, 두통, 탈모, 푸석푸석한 손톱, 심장 질환 등이 있으며 성장이 더뎌지고 생리가 멈추거나 아예 시작하지 않을 수도 있어요.

폭식증

폭식증은 거식증보다 더 많이 발병하지만 보통은 알아차리기 힘들어요. 한 번에 많은 양의 음식을 먹고 배가 부른데도 계속 먹지요. 무엇을 얼마나 먹어야 할지 스스로 조절할 수 없는 상태예요.

게다가 너무 많이 먹는 것에 불안감이나 죄책감을 느껴 억지로 토하거나 설사약·관장약을 사용해 음식을 밖으로 배출하려고 하지요.

폭식증의 부작용에는 우울증, 복통, 위산 역류로 인한 치아 손상, 심장 질환 등이 있어요.

과식

감정적으로 힘들거나 스트레스를 받을 때 자신을 달래기 위해 음식을 먹는 경우예요. 많은 양의 음식을 먹지만 밖으로 배출되는 양은 적어 비만으로 이어져요. 그리고 당뇨병, 고혈압을 비롯한 기타 질병을 앓을 확률이 높아지지요. 과식을 하는 사람들은 자신이 많이 먹는다는 사실과 이를 제어하지 못한다는 사실을 창피하게 여기기 때문에 아무도 모르게 혼자 먹기도 해요.

섭식 장애 해결하기

여러분 자신이나 친구, 가족이 섭식 장애를 앓고 있거나 그럴 위험이 보이면 주변 사람에게 도움을 요청해야 해요. 치료를 일찍 시작하면 쉽게 극복할 수 있어요. 엄마 아빠나 선생님, 보건 선생님, 상담사 등 여러분이 신뢰할 수 있는 어른에게 말하고 의논하세요.

14. 운동과 수면, 어떻게 할까요

 운동이 중요하다는 이야기는 수없이 들어 봤을 거예요. 실제로 운동은 우리 몸에 아주 좋은 영향을 미치고 사춘기에는 특히 더 그렇답니다. 사춘기에는 뼈와 근육이 튼튼해져 평생 건강을 좌우할 체력이 길러지기 때문이에요. 다음은 운동의 좋은 점들이에요.

* 몸 안의 지방이 줄어 적정한 몸무게를 유지할 수 있고 건강한 몸매를 가질 수 있어요.
* 신체적으로뿐만 아니라 심리적으로도 힘이 나요.
* 자신감이 향상돼요.

* 걱정, 슬픔, 스트레스가 사라져요.
* 우울증을 예방하는 데 도움이 돼요.
* 숙면을 취할 수 있어요.
* 나이가 들었을 때 심장 질환, 당뇨병, 각종 암 같은 질병이 생길 확률이 현저히 줄어요.
* 근력, 균형 감각, 유연성, 체력 등이 향상돼요.
* 뼈와 근육이 튼튼해져요.
* 전략 수립 능력, 타인과의 협동심, 추리력 등 정신적·사회적 능력이 향상돼요.

얼마나 운동해야 할까요?

하루에 적어도 한 시간 정도는 운동을 해야 해요. 한 시간이 길게 느껴진다면 여러 번 나눠서 해도 좋아요. 학교 체육 시간에 하는 운동, 빨리 걷기, 자전거 타기, 춤추기, 공원에서 뛰놀기 등을 합해서 한 시간이면 된답니다.

규칙적으로 운동을 하지 않았다면 이제부터라도 현실적인 목표를 세워서 꾸준하게 운동을 시작하세요.

가장 중요한 것은 자신이 좋아하는 운동을 즐겁게 하는 거예

요. 헬스장에 등록하거나 학교에서 두각을 나타낼 만큼 운동을 잘할 필요는 없어요.

그리고 일주일에 두세 번 정도는 빨리 달리기처럼 강도 높은 운동을 하는 것이 좋아요. 강도 높은 운동을 할 경우 단어 몇 마디조차 내뱉지 못할 정도로 호흡이 빨라지고 심장 박동수 또한 증가해요. 강도 높은 운동에는 이런 것들이 있어요.

* 빨리 달리기(학교 가는 길을 활용하거나 애완동물과 산책할 때 해도 좋아요.)
* 활동량이 많은 춤
* 수영, 자전거 타기, 축구, 트램펄린, 체조, 테니스, 배드민턴, 발리 볼, 롤러브레이드, 스케이트, 무술, 승마, 농구, 배구, 야구, 소프트볼, 권투, 탁구 등

자리에서 일어나세요!

연구 결과에 따르면 오랫동안 앉아 있거나 누워 있으면 건강에 좋지 않다고 해요. 텔레비전을 보거나 컴퓨터 게임을 할 때

> **생각해 볼까요**
>
> 일기장에 얼마나 움직이는지 기록하세요. 평소에 운동을 충분히 하지 않을 경우 날마다 조금씩 운동량을 늘려 매주 목표치에 도달하도록 노력해 보세요.
> 예시) 월요일: 강아지와 산책 30분, 댄스 20분
>   화요일: 학교에서 배구 40분,
>   엄마와 함께 수영 30분

몇 시간 동안 움직이지 않는데 그럴 경우 비만을 비롯한 여러 가지 질병에 걸릴 확률이 높아진다고 해요.

충분한 수면이 필요해요

수면은 운동과 식사만큼이나 중요해요. 특히 10대에는 뇌와 신체 기관이 전체적으로 발달하므로 잠을 충분히 자야 하지요. 하지만 10대 대부분이 충분한 수면을 취하지 않고 있어요. 잠

이 부족할 경우 학습 능력, 집중력, 문제 해결 능력이 떨어지고 여드름 또한 더 많이 날 수 있어요. 그리고 평소보다 음식을 많이 먹게 되고 짜증도 잘 내게 되지요.

수면이 특히 10대에게 중요한 이유는 잠을 자는 동안 뇌가 성장에 필요한 호르몬을 분비하기 때문이에요. 즉 수면 패턴은 여러분의 키에도 큰 영향을 끼친답니다.

얼마나 많이 자야 하나요?

10대의 적정 수면 시간은 8~9시간이에요. 그러나 요즘 10대는 여러 가지 이유로 수면 시간이 점점 줄어들고 있어요. 만약 밤에 잠이 오지 않을 경우 이렇게 해 보세요.

* 잠자리에 드는 시간을 정해 반드시 지키도록 해요. 휴대 전화나 태블릿, 노트북을 침대에 두지 마세요. 그럴 경우 자신도 모르게 게임을 하거나 메신저에 접속해서 친구들과 대화할지도 모르기 때문이에요.
* 아직 일어나지 않은 일 때문에 걱정이 되어 잠들지 못한다면 걱정거리들을 일기장에 쭉 적어 보세요. 그러면 적어도 다음

날 아침까지는 그 생각을 잊을 수 있을 거예요.
* 잠자기 전에는 텔레비전을 보는 대신 샤워나 목욕을 하고 그림을 그리거나 책을 읽어요.
* 잠자기 바로 전에는 먹고 마시거나 운동하지 마세요. 숙제도 하지 마세요. 여러분의 뇌와 몸은 쉴 시간이 필요해요.
* 주말과 휴일에 늦잠 자지 않도록 해요. 유혹을 뿌리치기 힘들겠지만 늦잠을 자면 수면 패턴이 흐트러져요.

알고 있나요?

미국의 한 학교에서 수업 시작 시간을 늦춰 학생들이 아침에 잠을 더 자고 식사를 할 수 있도록 했더니 성적이 크게 향상되었대요. 잠을 충분히 자고 아침을 챙겨 먹는 건 그만큼 중요해요.

15. 내 기분이 왜 이럴까요

엄마가 이 세상에서 내 마음을 가장 잘 이해하는 사람인 것처럼 느껴지다가도 갑자기 엄마의 모든 행동에 화가 치밀어 오를 때가 있나요? 행복하고 에너지가 넘치다가도 금방 우울해지거나 눈물이 흐를 것만 같을 때는 없나요? 가장 친한 친구와 심하게 다투기도 하고 아주 사소한 일 때문에 짜증이 나기도 하지요?

그렇다면 여러분은 아주 정상이에요. 이것도 사춘기를 겪는 모든 아이들에게 나타나는 증상이니까요.

사춘기는 감정 변화가 커서 불안정하지만 동시에 아주 신 나고 즐거운 시기예요. 여러분은 시도 때도 없이 변하는 감정에

혼란스럽겠지만 너무 걱정할 필요 없어요. 여러분은 못된 아이도 아니고 원래 화를 잘 내는 성격도 아니니까요. 사춘기를 겪을 때에는 대부분 언제 어떠한 기분이 들지 예측하기 어려워요. 자신의 기분을 스스로 이해하기도 어려울 뿐더러 조절하기는 더더욱 힘들지요.

뇌가 변화해요

사춘기에 감정이 극단적으로 변하는 것은 호르몬의 영향뿐만 아니라 뇌 또한 크게 변하기 때문이에요.

뇌에서 감정을 담당하는 우뇌는 계획, 의사 결정 등의 이성을 담당하는 좌뇌보다 먼저 발달해요. 이러한 뇌 발달의 불균형으로 사춘기 청소년들은 격하고 즉각적인 감정을 느끼고 감정적 반응을 잘 조절하지 못하지요.

또한 뇌는 사춘기에 이르러 시냅스(신경 세포 연결망으로 신경 사이의 신호를 전달)가 새로 구성돼요. 이로 인해 기분 변화가 심해지게 되는데, 이를테면 갑자기 짜증 나고 혼란스러워지며 때로는 화가 나거나 걱정되고 때로는 우울하거나 공격적인 모습을 보이게 되지요.

새로운 것을 배워요

호르몬 수치의 변화와 더불어 뇌 또한 변하면서 여러분의 감정에 변화가 생겨요. 때로는 기분이 너무 쉽게 변해 따라잡기 힘들 정도이지요. 하지만 너무 걱정하지 마세요. 결국 호르몬 수치는 안정되고 뇌의 변화도 멈추니까요.

뇌의 시냅스가 새로 구성되는 동안 악기를 배우거나 새로운 언어를 배우는 등 무언가 새로운 것을 시도하면 좋아요.

뇌 연구자들은 10대 때 발달한 새로운 시냅스가 어른이 되어서도 뇌에 남아 있다는 사실을 밝혀냈어요. 반대로 사용하지 않을 경우에는 사라지고 말아요. 예를 들어 사춘기에 새로운 언어를 배운 경험이 없을 경우 어른이 된 뒤 그 능력이 발휘되기 힘들거나 아예 불가능할 수 있어요.

어려운 감정에 대처해 볼까요?

모든 감정이 갑자기 생겨나는 것은 아니에요. 때로는 여러분

이 그 감정을 느낄 수밖에 없는 확실한 원인들이 있어요. 예를 들어 가장 친한 친구와 싸웠다거나 동생과 말다툼을 했다거나 학교에서 혹은 남자 친구와 좋지 않은 일이 발생했을 때는 화나고 슬픈 감정이 드는 게 당연해요.

사람이라면 누구나 화가 나고 질투심이 생기며 좌절했다가 당황했다가 상처받았다가 슬펐다가 초라한 기분이 드는 등 심한 감정 변화를 겪을 때가 있어요. 하지만 감정에 적절히 대처하는 방법을 배워 연습한다면 감정 조절을 잘할 수 있을 거예요. 감정을 잘 조절하기 위해서는 다음과 같은 행동은 하지 않도록 해요.

* 참거나 쌓아 두기: 감정을 참거나 쌓아 두거나 애써 외면할 경우 결국에는 폭발하게 될 거예요.
* 숨기기: 감정을 숨기고 부루퉁해 있거나 다른 사람과 말하기를 거부할 경우 무력해지며 우울해질 수 있어요.
* 남 탓하기: 기분이 좋지 않은 것을 남 탓으로 돌리고 남에게 책임을 묻는 것은 옳지 않아요.

* 폭력적으로 표출하기: 감정에 지나치게 사로잡혀 소리를 지르고 욕을 하며 무언가를 치거나 부수는 행동은 위험해요.

위와 같은 행동 대신 여러분이 감정을 표현할 수 있는 적절한 방법들이에요.

* 건전한 방법으로 감정을 분출해요. 예를 들어 빠른 걸음으로 산책하거나 달리기, 시끄러운 음악에 맞춰 춤추기, 울기, 운동하기 등이 있어요.
* 숨을 깊게 들이쉬고 지금 감정이 어떤지, 왜 그런지 차근차근 생각해요.
* 신뢰할 수 있는 다른 사람과 이야기를 나누세요. 다른 사람에게 자신의 감정을 말할 경우 기분이 훨씬 나아져요. 또한 나의 이야기를 들은 상대방이 이 상황을 해결할 멋진 방법을 제안해 줄 수도 있어요.
* 자신의 기분을 글로 써 보세요. 감정을 표출하기 위해 노래 가사나 시를 써도 좋고 그림을 그리는 것도 좋아요.
* 상황을 개선시키고 여러분의 기분을 좋게

하려면 어떻게 해야 할지 생각해 보세요. 누군가의 잘못을 지적하거나 누군가에게 사과해야 할 경우 반드시 감정이 차분해진 다음에 하도록 해요.

* 여러분의 인생에 대해 집중해서 생각해요. 여러분이 무엇을 기대하고 있는지, 무엇을 하고 싶어 하는지, 무엇을 잘하는지, 무엇을 걱정하지 않아도 되는지 생각해 봐요.
* 잘 먹고 잘 자도록 해요. 푹 자고 일어나면 마음이 차분해져 자신을 괴롭혔던 감정이 별것 아닌 것처럼 생각될 거예요. 따라서 감정에 대처하는 일이 한결 쉬워지지요.
* 감정에 집착하지 마세요. 여러분의 감정을 파악하고 왜 그러한 감정을 느끼는지 이해하면 그 감정에서 벗어날 수 있게 돼요.

걱정과 불안이 느껴지나요?

때로는 어떤 일로 인해 겁에 질리거나 걱정에 사로잡힐 수 있어요. 이는 정상적인 현상이에요.

보통 다른 사람이 여러분을 어떻게 생각할지 지나치게 걱정하는 경우, 친한 사람이 죽었을 경우, 엄마 아빠가 아프거나 자주 싸우거나 이혼했을 경우, 아주 끔찍한 일을 겪었거나 주위

사람이 그러한 일을 당한 경우, 학교생활에 문제가 있을 경우, 시험이 다가올 경우, 이사나 이민·전학과 같은 새로운 경험을 할 경우 크게 불안을 느끼지요.

심각한 불안을 느끼면 호흡과 심장 박동이 빨라지고 숨이 차며 몸이 떨리고 땀이 나요. 배가 아파서 시도 때도 없이 화장실에 급히 달려가야 하고 무엇에도 집중할 수 없죠. 움직이거나 말하기가 힘들며 잠을 잘 자지도 못해요.

걱정과 불안에 대처해 볼까요?

여러분을 걱정시키고 불안하게 만드는 큰 사건들을 해결하는 것은 여러분 능력 밖의 일이지만 충분히 노력하면 이러한 사건이 여러분 감정에 끼치는 영향을 줄일 수 있어요.

지나치게 걱정이 될 때 다음과 같은 노력으로 자신을 안심시켜 보세요.

* 다른 사람이 걱정하는 모습을 보고 그것에 동요되고 있는 것은 아닌지 생각해 보세요.

* 이유 없이 도가 지나친 불안을 느끼는 경우, 보통 유전적인 요인이 크답니다. 가족 중 누군가가 불안증을 앓고 있기 때문에 여러분이 걱정하는 것일 수도 있어요. 그럴 때는 병원에 가서 상담을 받도록 해요.
* 불안이 계속되면 다른 사람에게 여러분의 감정을 이야기하세요. 힘겨운 시기에는 누군가의 도움이 필요해요. 학교 상담사, 선생님, 친한 선배, 보건 선생님 등 가족이 아닌 사람에게 말하는 것도 도움이 될 거예요.
* 학교나 집에서 변화가 있다면 익숙해지도록 느긋한 마음을 가지세요. 새로운 경험과 상황에 즉시 적응하고 편안함을 느끼는 사람은 없어요. 어쩌면 여러분은 다른 사람보다 더 많은 시간이 필요한 것일지도 몰라요.
* 여러분이 좋아하고 잘하는 일에 시간을 더 투자하세요. 음악, 연극, 드라마, 수영, 스포츠 혹은 친구들과 함께하는 동아리 활동 등 즐길 거리를 찾아요.
* 요가, 명상을 배우거나 다음에 나오는 호흡법과 휴식법을 따라 해 보세요.

✻ 호흡법 ✻

초조하거나 두려울 때, 스트레스나 충격을 받아 화가 나서 호흡이 가빠질 때, 평소보다 심장 박동수가 높을 때에는 다음과 같이 해 보세요.

1. 편안하게 쉴 수 있는 곳을 찾아 앉아요.
2. 왼쪽 가슴에 손을 올려 호흡이 얼마나 빠른지 직접 느껴 보세요.
3. 호흡이 아주 빠를 경우 숨을 깊게 들이쉬고 속으로 다섯까지 숫자를 세요.
4. 다시 입으로 천천히 숨을 내뱉어요.
5. 호흡이 안정될 때까지 위 과정을 반복하세요.

휴식법

조용하고 편안한 곳에 앉거나 누워서 해 보세요.

1. 눈을 감고 천천히, 깊게 숨을 쉬세요.
2. 몸에서 긴장한 부위가 어디인지 생각하면서 몸의 힘을 빼도록 해요.
3. 여러분의 몸에 있는 긴장을 상상해 보세요.
4. 긴장이 머리와 목에서 시작해 아래로 내려온다고 생각하면서 각 부분의 긴장을 완전히 풀어 주세요. 이때 따뜻하고 묵직한 것을 생각하면 더 효과적이에요.
5. 이렇게 15분에서 20분을 상상한 뒤 숨을 깊게 들이쉬고 내쉬면서 천천히 일어나 스트레칭을 하세요.

위와 같은 방법으로도 마음이 진정되지 않을 경우 걱정 말고 병원에 가 보세요. 의사 선생님이 다른 치료 방법을 제안해 줄 거예요.

우울한 기분이 계속되나요?

어른, 아이 할 것 없이 슬프거나 우울할 때가 있어요. 화나거나 스트레스 받을 경우 비참하고 우울한 기분이 드는 것은 당연하지요. 하지만 이러한 감정이 지속되어 여러분의 일상생활에 좋지 않은 영향을 끼치기 시작했다면 우울증을 의심해 보세요.

어떻게 우울증에 걸렸는지 알 수 있나요?

아래와 같은 증상이 오랫동안 지속될 경우 우울증일 가능성이 높아요.

* 우울하고 불행하다는 생각이 들고 속이 텅 빈 것 같거나 마비된 느낌이 들어요.
* 항상 외로움을 느껴요.
* 예전에 좋아했던 일들을 해도 더 이상 즐겁지 않아요.
* 친구와 가족, 일상적인 활동을 피하는 등 모든 일이 귀찮아요.
* 감정이 자주 변하고 짜증을 잘 내요. 쉽게 화를 내며 눈물이 많아져요.

* 무언가에 집중하거나 일을 끝내기가 어려워요.
* 자기 자신을 돌보지 않아요.
* 피곤하고 힘이 없어요.
* 너무 많이 자거나 조금 자요.
* 스스로를 비난하고 비판하며 미워하는 등 자괴감이 들어요.
* 이유 없이 두통이나 복통을 포함한 병치레가 잦아요.
* 입맛이 없어 잘 먹지 못해요.
* 죽음에 대해 자주 생각하고 죽고 싶은 기분이 들어요.

도움을 청해요

우울증은 많은 사람들이 겪는 병으로 노력하면 금방 치료할 수 있어요. 물론 누군가에게 도움을 요청하고 자신의 감정을 솔직하게 터놓기란 쉽지 않아요. 그렇지만 자신이 우울증에 걸렸다는 생각이 들면 주위 사람에게 도움을 청해야 해요. 특히 자살까지 생각하고 있거나 자해까지 할 정도로 심각한 상태라면 반드시 도움을 요청하세요.

여러분이 신뢰할 수 있는 사람이나 여러분을 이해한다고 생각하는 사람에게 말하고 의사나 상담사로부터 전문적인 도움을 받으세요.

알고 있나요?

10대 청소년들 열 명 중 네 명이 너무 우울해서 운 적이 있거나 모든 사람들과 일상으로부터 도망가고 싶었다고 말해요.

그리고 다섯 명 중 한 명은 왜 살아야 하는지 모르겠다는 생각이 들 때가 있었다고 해요.

이처럼 대부분의 사람들은 일시적으로 우울증을 비롯한 정신 건강 문제를 겪고 있고 이는 충분히 극복할 수 있어요.

우울증을 예방해요

스스로를 기분 좋게 만들 수 있는 방법들이에요.

* 자기 자신의 좋은 점 다섯 가지를 생각해 보세요. 생각이 나지 않을 경우 주위 사람에게 물어봐도 좋아요.
* 여러분을 기분 좋게 만드는 다섯 가지를 적어 보세요.

* 여러분이 행복했을 때 사진을 보세요.
* 여러분을 웃게 만드는 영화를 보세요.
* 여러분이 좋아하는 음악을 들으며 따라 불러요. 너무 우울하지 않은 음악이 좋아요.
* 산책, 달리기를 하거나 리듬에 맞춰 뛰어 보세요. 춤을 추거나 활동적으로 움직여요.
* 친구에게 전화를 걸어 수다를 떨어요.
* 따뜻한 물을 받아 거품 목욕을 해요.

* 여러분이 믿을 수 있는 사람에게 여러분의 감정을 털어놓으세요.
* 무언가를 쓰고 그리며 낙서하거나 요리를 해요.
* 여러분이 잘할 수 있거나 즐거워하는 일을 해요.
* 이불 속에서 여러분이 가장 좋아하는 책을 읽어요.
* 친구와 재미있는 게임을 해요.
* 방을 청소하고 정리해요.

16. 당당하게 자신감을 가져요

사춘기에 호르몬이 지나치게 분비되고 몸과 뇌가 급격한 변화를 거듭하면 자신감을 잃기 쉬워요. 자신의 능력을 의심하고 외모와 인간관계뿐만 아니라 여러분 존재 자체에 대해 의문을 품게 되지요.

사춘기 아이들은 흔히 스스로를 비난하며 모든 일을 자신의 잘못으로 돌려요. 그러면서 어린 시절 지녔던 자신감이 조금씩 사라지기 시작해요. 자신감을 상실하면 소극적으로 변하고 쉽게 당황하며 다른 사람을 의식하면서 자신만 별종이라고 생각하기에 이르지요.

좋아하지 않는 일이거나 그 일을 할 준비가 되어 있지 않아도 남들이 하기 때문에 억지로 하기도 해요.

또한 자신을 매력적이라고 생각하는 사람은 아무도 없을 거라고 생각해요. 다른 사람들은 멋지고 똑똑하지만 자신은 보잘것없다는 생각에 빠지지요.

이러한 생각에서 벗어나려면 어떻게 해야 할까요? 완벽한 해결책은 아니지만 다음과 같은 방법이 있어요.

자신감을 얻기 위한 방법

- 자신에게 모든 것을 잘해야 할 필요가 없다고 말하세요. 모든 것을 잘하는 완벽한 사람은 세상에 단 한 명도 없어요.
- 잘하는 것이 무엇이든 그것을 자랑스럽게 여기고 더 잘하기 위해 노력하세요.
- 자신과 남을 비교하지 마세요. 사람마다 삶, 가족, 유전자, 재능은 모두 달라요.
- 실수를 하더라도 지나치게 자신을 비난하지 마세요. 누구나 실수하면서 배우기 마련이에요.

- 무언가를 잘했을 경우에는 다른 사람이 칭찬해 주지 않더라도 스스로 자신을 칭찬하세요.
- 여러분이 좋아하는 것, 흥미 있는 것을 찾아보세요. 다른 사람이 여러분의 관심사를 이상하게 생각해도 신경 쓰지 마세요.

여러분과 관심사가 같은 사람을 찾아요. 연극부, 논술 모임, 운동 동아리 등에 가입하면 자신감을 향상시키는 데 큰 도움이 될 거예요.

다른 사람이 여러분을 좋아하지 않더라도 괜찮다고 자신에게 말하세요. 모든 사람이 여러분을 좋아해야 하는 것은 아니며 여러분 또한 모든 사람을 좋아해야 하는 것은 아니랍니다.

술에 관해

술을 마시면 자신감이 생긴다는 말은 사실이 아니에요. 술을 마시면 적극적이 될 수도 있지만 그건 아주 일시적일 뿐, 실수를 하거나 정신을 잃을 수 있어요.

자신감을 얻기 위한 또 다른 방법

- ❖ 온라인이나 현실에서 여러분을 놀리거나 헐뜯는 친구들과 어울리지 마세요. 반대로 다른 친구들을 놀리거나 헐뜯지 마세요.
- ❖ 함께 있으면 기분 좋은 친구들, 여러분을 믿고 지지하는 친구들, 여러분을 있는 그대로 인정해 주는 친구들과 시간을 보내세요.
- ❖ 꼿꼿한 자세로 바르게 서 있는 연습을 하세요. 사람들과 대화할 때 상대의 눈을 바라보고 편안한 마음으로 차분한 상태에서 하고 싶은 말을 분명하게 하세요.
- ❖ 모든 분야에서 자신만의 취향을 만드세요. 다른 친구들의 음악, 옷, 음식 취향을 억지로 따라 좋아할 필요는 없어요.
- ❖ 새로운 것을 적극적으로 시도해 봐요. 하지만 술을 마시거나 담배를 피우고 성관계를 맺는 등 자신에게 해가 되는 행위는 위험해요.

조심하세요

자신감을 갖기 위해 혹은 자신의 기분을 좋게 하기 위해 남을 비판하고 헐뜯거나 무시해서는 안 돼요.

자신감이 있다면 다른 사람이 여러분을 어떻게 생각할지 걱정하느라 시간을 낭비할 필요도 없고 다른 사람과 자신을 비교할 필요도 없으며 멋져 보이기 위해 자신을 포장할 필요도 없어요. 게다가 다른 친구들이 한다고 해서 나도 그렇게 해야 한다는 압박감도 사라지지요.

자신감이 있다는 것은 오만하거나 잘난 체하는 것이 아니에요. 세상이 여러분 중심으로 돌아가지 않는다는 사실은 이미 알고 있을 거예요. 자신감이 생겼다는 것은 남들이 여러분의 말에 귀 기울여야 하며 여러분도 행복해질 권리가 있음을 아는 것이랍니다.

자신감이 생기면 자신의 모습에 만족감을 느껴 행복해져요. 스스로를 소중하게 여기며 자신의 재능이나 능력에 감사하게 되지요. 언제나 완벽할 필요가 없다는 것도 깨닫게 되고요. 가장 중요한 것은 여러분 자신을 위한 선택을 하게 된다는 거예요.

외모에 자신감을 가져요

각종 방송과 잡지에는 예쁜 여자아이와 아름다운 여성이 행복하게 그려지기 때문에 대부분의 사람들은 자신의 외모가 바뀔 경우 더 행복해질 거라고 생각해요.

여자아이들은 미인의 기준에 들기 위해 지긋지긋하도록 친구들과 경쟁을 해요. 자신의 타고난 몸매, 키, 나이, 피부색에 관계없이 모두가 똑같은 미인이 되려고 노력하지요.

외모가 뛰어나다고 해서 행복하거나 성공적인 삶을 사는 것은 아니랍니다.

아름다움에도 여러 종류가 있어요. 외적인 아름다움이 아닌 여러분에게 의미 있는 아름다움을 찾기 위해 노력하세요. 잡지, 광고, 블로그 등에 등장하는 컴퓨터로 조작된 비현실적인 모습을 미의 기준으로 삼지 마세요.

생각해 볼까요

운동선수나 규칙적으로 운동을 하는 사람은 운동하지 않는 사람에 비해 자신감이 높아요.

그들은 보여지는 외모가 아니라 자신을 위해 스스로 노력하는 일 자체에 높은 가치를 두기 때문이지요.

여러분도 외모보다는 내면의 아름다움을 가꾸기 위해 노력하세요.

17. 남자 친구를 사귀고 싶어요

 사춘기에 일어나는 가장 큰 감정 변화는 전에 느껴 보지 못한 새롭고 흥미로운 감정으로 이성을 좋아하게 되는 거예요. 그저 친구로 생각했던 남자아이가 이제는 남자로 느껴지기 시작하지요.

 좋아하는 사람이 생기면 마음이 따뜻해지는 동시에 당황스러워요. 온종일 그 사람을 생각할 수도 있어요. 이런 마음을 그 사람에게 알릴 방법은 없을까, 어떻게 말을 걸 수 있을까를 생각하지요. 하지만 막상 좋아하는 사람과 마주치면 당황한 나머지 마음에도 없는 바보 같은 말을 내뱉기도 해요. 지극히 정상적인 현상이지만 처음에는 혼란스럽거나 두려울 거예요.

사랑일까요?

여러분은 예전에는 관심조차 없었던 연예인을 좋아하거나 누군가에게 한눈에 반할 수 있어요.  그 대상은 학교 친구, 친구의 오빠나 심지어 선생님이 될 수도 있어요. 한눈에 반하는 감정은 불타오르는 것처럼 강렬하지만 보통 오래 지속되지는 않아요.

여러분은 누군가를 좋아하는 감정을 친구들에게 말할 수도 있고 혼자만의 비밀로 간직할 수도 있어요.

아주 드물지만 모든 여자가 남자를 좋아하는 것은 아니에요. 같은 여자를 좋아할 수도 있어요. 자라면서 자연스럽게 남자들과 데이트를 할 수도 있지만 평생 여자와 사귈 수도 있지요. 또는 여자와 남자 모두를 좋아하는 사람도 있어요.

자신이 여자에게 끌리는지 남자에게 끌리는지를 파악하는 것, 다시 말해 자신의 성적 기호를 알아내는 것도 성장의 한 과정이에요.

여러분이 좋아하는 상대가 여러분을 좋아한다면 날아갈 듯한 기분이 들 거예요. 한 명이 용기를 내서 데이트를 신청하면 서로에 대해 천천히 알아 가게 되지요.

좋은 관계일까요?

여러분이 남자 친구와 맺고 있는 관계가 바람직한지 곰곰이 한번 생각해 보세요.

서로에게 긍정적인 영향을 주고 서로를 아끼는 관계라면 충분한 시간을 가지고 상대를 알아 가게 돼요. 또한 서로를 존중하며 자기 자신에 대해서도 좋은 감정을 갖게 되지요. 좋은 관계를 맺는 조건들에 대해 알아볼까요?

* 함께 웃고 즐겨요.
* 서로를 믿고 상대 의견을 존중해요.
* 서로의 의견에 반대할 수 있어요.
* 할 말이 있을 경우 언제든 말할 수 있어요.
* 어떤 일을 할 때 함께 결정해요.
* 다른 친구를 자유롭게 만날 수 있어요.
* 각자의 관심사가 있어요.
* 둘 사이의 관계에 있어 성적인 부분을 포함해 각자 의지대로 행동할 수 있어요.
* 함께 있을 때 안전하다고 느껴요.
* 서로에게 자신감이 있어요.

생각해 볼까요

관계를 유지하기 위해 상대를 즐겁게 하는 데만 몰두하다 보면 자신감이나 개성을 잃을 수 있어요.

관계를 맺는다는 것은 여러분을 있는 그대로 좋아하고 존중하는 사람을 선택하는 거예요. 여러분에게 관심을 보인 사람에게 맞춰 자신을 변화시켜야 하는 것은 아니에요.

좋지 않은 관계일까요?

부정적이거나 좋지 않은 관계의 경우, 상대는 여러분을 지배하거나 통제해요. 그리고 여러분이 다른 사람과 이야기만 나눠도 화를 내고, 여러분의 기분을 상하게 하기 위해 욕하고 육체적·정신적으로 위협하지요.

여러분이 원하지 않거나 마음의 준비가 되어 있지 않은데도 스킨십이나 성관계를 강요하고 여러분에 관한 사적인 내용을 떠벌리고 다니기도 해요.

만약 이러한 관계를 지속하고 있다면 한시라도 빨리 끝내야 해요. 여러분이 사랑에 빠져 있다 할지라도 말이에요.

여러분이 좋은 관계를 유지하고 있는지 확신이 서지 않는다면 아래 퀴즈를 풀어 보세요.

 퀴즈

다음은 여러분이 좋은지 나쁜지 확신하지 못하는 관계에 대해 더욱 자세히 알아보기 위한 질문이에요. '네' 혹은 '아니오'로 대답해 보세요.

1. 함께 시간을 보내는 동안 편안하고 즐거운가요?
2. 여러분이 자신에 대해 확신이 없거나 행복하지 않다고 말하면 상대는 여러분을 격려하고 힘을 주나요?
3. 여러분이 자신의 감정과 걱정거리에 대해 이야기하면 상대는 귀 기울여 들어 주나요?
4. 상대가 여러분에 관한 좋지 않은 이야기를 다른 사람들에게 한 적이 있나요?
5. 상대가 여러분이 원하지 않는 일을 강요한 적이 있나요?

아래에 있는 대답을 확인하세요. 만약 아래 답이 여러분 대답과 모두 일치하면 그 관계는 정상적이며 유지할 만한 가치가 있어요. 하지만 대답이 3개 이상 다를 경우 헤어지는 것이 바람직해요.

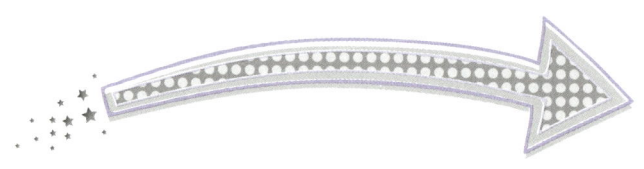

1. 네   2. 네   3. 네   4. 아니오   5. 아니오

이별을 하기도 해요

관계가 특별히 나쁜 것도 아닌데 여러 이유로 인해 지속되지 않는 경우가 있어요. 관계가 지속되려면 두 사람이 함께 노력해야 하는데 한 사람이 노력하기를 거부한다면 관계를 끝내야 해요.

이별을 겪을 때는 마음이 아프고 슬프겠지만 자신에게 문제가 있는 게 아니라는 사실을 명심하도록 해요. 상대가 여러분과 맞지 않는 사람이었을 뿐이에요.

상대가 먼저 이별을 원할 경우 자존심을 잃지 않으려 노력하고 자기 연민에 빠지지 않도록 주의해요. 98~101쪽의 '어려운 감정에 대처해 볼까요?'에 나온 방법을 시도해도 좋아요.

고통스러운 감정은 시간이 지나면 점차 사라져요. 당분간은 가족, 친구들과 함께 즐거운 시간을 보내며 기분이 좋아지기 위해 노력하세요. 천천히 이별을 받아들이고 고통을 이겨 내 보세요. 고통을 잊기 위해 서둘러 좋아하지도 않는 다른 사람과 사귀는 것은 미련한 방법이에요.

거절해야 할 때도 있어요

누군가 여러분에게 사귀자고 했지만 관심이 없을 경우 간단명료하게, 그리고 될 수 있는 한 친절하게 거절해야 해요. 상대도 고백하기까지 큰 용기가 필요했을 테니 비웃거나 무시하는 건 바람직하지 않아요.

'고맙지만 지금 다른 사람을 좋아하고 있어.'라든지 '정말 고마워. 하지만 지금은 누군가를 사귀고 싶지 않아. 난 너한테 친구 이상의 감정은 없어.'라는 식의 말로 대처해요. 이때 언젠가는 사귈 수도 있다는 인상을 풍기거나 관심이 없는데도 데이트 신청을 받아들여 상대에게 헛된 희망을 주면 안 돼요.

누군가와 관계를 끝낼 때는 단둘이 있을 때 정중한 태도로 직접 얼굴을 보고 용기 내어 말하세요. 문자 메시지나 이메일, 편지, 인터넷 메신저 혹은 다른 사람을 통해 이별을 전하는 건 좋지 않아요. 직접 만나서 헤어지려는 이유를 분명히 말하고 상대를 비난하거나 기분 나쁘게 만들기보다는 여러분의 감정을 솔직하게 말하는 것이 좋아요.

이별한 뒤에는 상대와 금방 편한 사이로 돌아가기를 기대하지 마세요. 상처받고 거부당한 감정이 치유되기까지는 시간이 걸려요. 또 같은 공간에 있을 때 편안해지는 데에도 오랜 시간이 필요해요.

남자 친구 없이 지내요

고등학교를 졸업할 때까지 남자 친구를 사귀지 않고 혼자 지내는 여자아이들이 있어요. 반면 사춘기에 접어들자마자 남자 친구가 생기지 않을까 봐 걱정하는 여자아이들도 있지요.

누군가를 만나야 한다는 조급함을 느낄 수도 있어요. 그래서 좋아하지 않거나 바람직하지 않은 상대와 만나기도 해요.

  하지만 그런 상대를 만나 좋지 않은 관계를 유지하는 것보다는 혼자인 것이 나아요. 좋아하지도 않는 사람과 억지로 사귈 필요는 없어요. 차라리 혼자 지내는 게 더 나을 거예요.

 **남자 친구가 없으면 이런 점이 좋아요**

* 학교생활, 운동 등 다른 부분에 집중할 수 있는 시간이 많아져요.
* 여자 친구들과 즐거운 시간을 보낼 수 있어요.
* 하고 싶은 일을 마음껏 할 수 있어요.
* 자신과 잘 맞는 사람이 누구인지 신중하게 생각해 볼 수 있어요.
* 자신에 대해, 또 자신이 원하는 행복에 대해 천천히 알아 갈 수 있어요.

18. 술과 담배는 해로워요

술은 위험해요

술은 중독성이 있으며 장기간 술을 마실 경우 신체 건강뿐만 아니라 정신적으로도 심각한 문제를 겪어요.

하지만 많은 문화권에서 술 마시는 것을 큰 문제로 생각하지 않으며 어른들을 위한 일종의 사교 활동으로 여겨요. 어른들은 일이 잘 풀릴 때 축하를 하거나 일이 잘 풀리지 않을 때 위로하기 위해 술을 마셔요.

이런 문화 속에서 대다수의 10대들이 술 마시는 것을 즐거운 일이라고 생각하는 것은 당연해요. 하지만 10대들은 술의 위험에 대해 전혀 모르고 있어요.

게다가 청소년에게 술을 판매하는 것은 불법이에요. 그리고 뇌가 계속 발달하고 있는 18세 미만의 청소년이 술을 주기적으로 또는 한꺼번에 많이 마시는 것은 특히 위험해요.

그 이유 중 하나는 술이 10대의 뇌에 끼치는 영향력이 어른들의 뇌에 끼치는 영향력보다 크고 강하기 때문이에요. 술은 실제로 사고, 계획, 의사 결정, 충동 조절, 학습, 기억을 담당하는 뇌 부분을 손상시킬 수 있으며 한 번 손상이 되면 되돌릴 수 없어요.

게다가 최근 연구 결과에 따르면 10대 초반부터 술을 마시기 시작한 사람은 나이가 든 후에 술을 마시기 시작한 사람보다 술에 쉽게 의존하게 되고 심각한 신체적·정신적 문제를 겪게 될 확률도 높아진다고 해요.

술은 20대부터 마셔요

여자아이는 남자아이들보다 술에 빨리, 쉽게 취해요. 몸에서 알코올이 분해되는 과정이 다르기 때문이에요.

술은 일종의 억제제로 기분을 마냥 좋게 하지 않아요. 술을 마신 처음에는 기분이 좋지만 점차 이 효과가 사라지고 난 뒤에는 기분이 나빠져요.

상당수 전문가들은 뇌 손상을 막기 위해서는 18세가 되기 전에는 술을 마시면 안 된다고 말해요. 또 뇌의 성장이 멈추는 20대가 될 때까지는 술에 취하는 일이 없도록 해야 한다고 권하고 있어요.

술이 위험한 이유를 알아볼까요?

술에 취하거나 술에 취한 사람과 함께 있을 경우 온갖 위험한 상황이 발생할 수 있어요. 다음은 술을 마시고 난 뒤 흔하게 발생하는 사고들이에요.

* 싸움과 이별: 술을 지나치게 마시면 의도하지 않은 말실수를 해서 친구 또는 연인과 싸우고 헤어질 수 있어요.
* 교통사고: 술에 취한 사람이 운전하는 차에 탈 경우 다치거나 사망, 다른 사람을 다치게 할 수 있어요.
* 폭력: 술을 많이 마시는 사람일수록 평상시에 시비를 걸고 폭력을 행사할 확률이 높아요.
* 익사: 술을 많이 마신 뒤에 수영을 하면 수심이 얕더라도 호흡을 조절하기 힘들어 물에 빠져 죽을 수 있어요.
* 성폭력: 여자아이들은 술에 취할 경우 자신이 원하지 않은 성

관계를 강요당하는 상황에 놓이기도 해요. 임신과 성병으로부터 자신을 보호하기 힘들어져요.

* 알코올 중독: 매일 술을 너무 많이 마시면 중독될 수 있어요. 병원에 입원하거나 사망에 이르는 경우도 있어요.

담배는 해로워요

담배는 건강에 가장 해로운 것 중 하나예요. 담배가 건강에 해롭다는 온갖 경고에도 전 세계적으로 10억 명 이상의 사람들이 담배를 피워요.

흡연자들은 마음만 먹으면 담배 피우는 것을 스스로 자제해 끊을 수 있다고 생각해요. 하지만 담배는 한번 중독되면 벗어나기 힘들답니다.

담배 때문에 매년 전 세계적으로 500만 명 이상이 사망해요. 담배 안에는 니코틴이라는 물질이 들어 있는데 이는 중독성이 가장 강한 화학 물질에 속해요. 따라서 그 어떤 약물보다 담배에 쉽게 중독되지요. 담배에는 니코틴 말고도 암

을 유발하는 물질이 40가지나 들어 있어요.

담배를 피우면 몸에 담배 냄새가 배고 폐암, 구강암, 인후암(인두와 후두에 생기는 악성 종양)을 비롯한 각종 질병에 걸릴 수 있어요.

피부, 잇몸, 치아, 눈에도 나쁜 영향을 끼치며 뇌졸중이나 심장 질환에 걸릴 확률도 높아져요. 그리고 임신 중인 여성이 담배를 피우면 태아의 건강이 나빠진답니다. 또 담배를 피우지 않아도 간접흡연으로 담배 연기를 들이마시면 건강상 문제가 생길 수 있어요.

19. 어떻게 위험을 피할까요

안타깝게도 우리가 살고 있는 세상은 안전하지 않아요. 그래서 여러분은 최대한 위험에 대비해야 해요. 여러분은 10대가 되어 혼자 혹은 친구들과 밖을 돌아다닐 일이 많아져 위험한 상황에 놓일 가능성이 높아졌어요. 따라서 스스로 아래 사항을 지키는 것이 중요해요.

밖에 나갈 경우에 꼭 기억하세요

* 부모님에게 여러분이 어디에 가는지, 언제 돌아올지 말하고 밖에 나가요. 밖에서 볼일이 끝나면 부모님에게 전화를 걸어 집으로 출발한다는 사실을 알려요.

* 밖에 나갈 때 휴대 전화가 충분히 충전되었는지 꼭 확인해요.
* 집 전화번호와 주소를 항상 기억해요.
* 친구들과 함께 다니고 무리를 벗어나지 않도록 해요.
* 집에 돌아오는 방법을 알고 급할 때 택시를 탈 수 있도록 항상 여윳돈을 갖고 다녀요. 택시를 탈 경우 여러분이 탄 택시의 차량 번호를 반드시 기억해요. 안심 귀가 서비스(택시에 탄 위치와 시간, 차량 번호, 운수 회사, 연락처 등 탑승 정보를 가족이나 지인에게 문자로 전송하는 서비스)를 이용해도 좋아요.
* 길을 건너거나 자전거를 타고 다닐 때에는 주위를 항상 잘 살펴야 해요. 헤드폰으로 음악을 크게 듣거나 휴대 전화를 보며 걷는 경우 갑작스런 위험에 대처하기 힘들어요.
* 조용하고 좁은 길, 혹은 지하도처럼 외진 곳을 피해요.
* 낯선 사람을 늘 경계하고 만일 누가 차를 태워 준다고 할 경우 거절해요.
* 휴대 전화, 태블릿, 엠피스리 플레이어와 같은 고가의 소지품이나 돈을 내보이며 자랑하지 마세요. 밖에서는 주머니에 넣거나 가방 속에 숨겨요.
* 모르는 사람이 도움을 요청할 경우 가족이

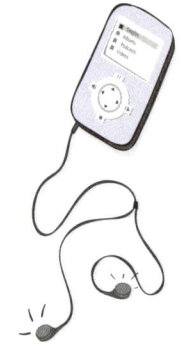

나 경찰, 어른에게 먼저 연락해요.

* 응급 상황에 연락할 수 있는 전화번호를 항상 갖고 다녀요. 부모님, 여러분을 돌봐 주는 사람, 부모님의 친구, 친구의 부모님 등의 전화번호가 해당될 수 있지요.

* 자전거를 탈 때에는 반드시 헬멧을 착용하고 어두워질 때를 대비해 반사경과 조명등을 달아 두세요.

인터넷과 휴대 전화를 안전하게 사용해요

여러분은 인터넷과 휴대 전화가 없는 시절을 상상하기 어려울 거예요. 인터넷과 휴대 전화는 친구를 사귀고 연락하고 정보를 얻으며 여러 가지 일을 즐기는 데 상당히 유용하지요. 하지만 위험 요소도 있어요. 따라서 안전하게 사용하는 것이 중요해요.

무엇이 위험할까요?

인터넷에 접속하거나 휴대 전화를 사용할 때 충격적인 정보

나 사진을 접할 수 있어요. 인터넷상에서 벌어지는 집단적인 따돌림, 집요한 괴롭힘을 당하거나 성관계를 목적으로 여러분에게 접근하는 파렴치한 어른을 만날 수도 있지요. 또한 모르는 사람이 여러분의 개인 정보를 퍼트릴 수 있고 성적인 메시지와 동영상, 사진을 보낼 수도 있어요.

자칫 소셜 네트워킹 사이트나 인터넷 게임에 중독될 수도 있어요. 인터넷을 하는 데 너무 많은 시간을 보낼 경우 몸을 움직이는 시간이 줄어들고 숙제나 시험 준비처럼 여러분이 해야 할 일을 못 할 수 있으며 일상생활에서 사람들과 대화하는 시간이 줄어들지요. 다음은 안전하게 인터넷을 사용하는 방법들이에요. 꼼꼼히 살펴볼까요?

* 이름, 사진, 주소, 학교, 휴대 전화 번호, 여러분이 자주 가는 곳 등 개인 정보를 인터넷에 공유하지 마세요.
* 다른 사람이 여러분의 개인 정보에 접근하지 못하도록 개인 정보 보호 기능을 설정해요.
* 친구들에 관한 정보나 비밀을 인터넷에 퍼트리지 않아요.
* 여러분의 사진이나 개인 정보를 인터넷에 올리기 전에 심사숙고해요. 부모님, 선생님, 미래의 직장 상사 등 모든 사람이 이를

볼 수 있어요.
* 온라인에서 만난 사람은 실제와 다를 수 있다는 사실을 명심하세요. 여러분이 온라인에서 알게 된 친구와 오랫동안 이야기를 나누었다고 해서 그 사람을 잘 아는 것은 절대로 아니랍니다.
* 온라인에서 만난 사람을 실제로 만나려면 반드시 어른과 함께 만나세요.
* 채팅방이나 카페에서는 이름 대신 별명을 사용해요.
* 다른 사람이 여러분의 개인 정보에 접근하지 못하도록 비밀번호를 잘 관리하고 주기적으로 바꿔요.
* 음란한 메시지를 보내는 사람은 차단해요. 모르는 사람이 보낸 메시지는 삭제하고 잘 모르는 링크나 첨부 파일은 함부로 열지 마세요. 바이러스에 노출될 수 있어요.
* 여러분을 화나고 불편하게 만드는 사진이나 파일을 받았을 경우, 음란하거나 모욕적인 메시지를 받았을 경우, 낯선 사람이 만나자고 할 경우 바로 믿을 수 있는 어른에게 말하세요.
* 여러분이 아는 누군가가 온라인에서 다른 사람에게 짓궂게 굴면 믿을 수 있는 어른에게 말하세요.
* 온라인에서 만난 낯선 사람이 주는 선물을 받지 마세요.
* 휴대 전화 카메라로 다른 사람의 사진을 찍어 사생활을 침해하

지 마세요. 타인의 사진을 전송하는 것은 불법이에요.

잠시 쉬어요

소셜 네트워크 사이트에 접속하고 게임이나 채팅을 하는 데 시간을 지나치게 낭비할 경우 잠시 활동을 중단해 인터넷 중독을 막아야 해요.

환경 설정에 들어가 며칠 동안 계정을 '비활성화' 시킨 뒤 잠시 쉬면서 다른 일을 해 보세요. 비활성화를 하면 여러분이 그 사이트를 떠난 것처럼 되어 다른 사람들에게는 여러분의 정보가 보이지 않지만 원할 경우 언제든 다시 계정을 활성화시켜 활동할 수 있어요.

인터넷과 휴대 전화로 괴롭힘을 당하나요?

인터넷에서 혹은 휴대 전화를 통해 괴롭힘을 당하고 있다면 가만히 있지 마세요. 우선 여러분이 믿을 수 있는 사람에게 도움을 요청하세  요. 그리고 며칠 동안 여러분에게 오는 문자 메시지나 글을 무시하세요. 그러면 여러분을 괴롭히던 아이들도 차츰 흥미를 잃어 그러한 문자 메시지나 글을 보내지 않을 거예요.

만약 괴롭힘이 계속될 경우 다음과 같이 해 보세요.

* 해당 통신사에 연락해 휴대 전화 번호를 바꿔요.
* 모욕적인 문자 메시지에는 답하지 마세요. 특히 여러분을 비방하는 문자 메시지에는 절대로 답하지 마세요. 답을 보낼 경우 상황이 더욱 악화될 수 있어요.
* 여러분이 받은 문자 메시지를 증거로 간직하세요. 언제 문자 메시지를 받았는지, 누가 보냈는지 등 관련 정보도 적어 놓도록 해요.
* 인터넷상에서 협박성 메시지나 악성 글이 계속 올 경우, 어른의 도움을 받아 해당 사이트 관리자나 경찰에 신고하고 증거를 제출하세요.

폭력에서 벗어나세요

누군가 여러분에게 폭력을 가하거나 여러분을 만지거나 강제로 성적인 행동을 하면 불쾌하거나 수치스럽지요. 씻을 수 없는 상처가 되어 여러분을 오랫동안 괴롭힐지도 몰라요.

하지만 이는 여러분의 잘못이 아니에요. 따라서 비밀로 할 필요가 없어요. 여러분은 집, 학교, 바깥 어디에서든 안전할 권

리가 있어요.

　신뢰할 수 있는 사람에게 자신이 겪고 있는 일을 솔직하게 말해요. 집에서 부모님이 폭력을 행사할 경우 경찰, 선생님, 학교 상담사에게 말하거나 익명의 전화 상담 서비스를 이용해 보세요.

　여러분이 안전한 삶을 살 수 있도록 도와줄 사람들이 많으니 혼자 문제를 해결하기 위해 끙끙대며 힘들어하지 마세요.

20. 학교생활을 잘하고 싶어요

사춘기에는 여러분이 원하든 원하지 않든 학교에서 많은 시간을 보내야 해요. 따라서 학교생활에 잘 적응하는 것이 중요하지요.

집에서 보내는 시간이 학교생활에 많은 영향을 끼쳐요. 학교생활을 잘하려면 시험 준비를 하고 숙제를 하는 등 집에서 보내는 시간을 잘 활용해야 해요.

미리 준비하세요

학교생활에 필요한 것을 전날 미리 준비해 두면 적응하기가 훨씬 더 쉬워요. 다음 날 학교에 무엇을 입고 갈지 미리 정하고

숙제를 제때 끝마치며 준비물을 챙기고 아침에는 일찍 일어나 식사를 하세요. 아침 일찍 일어나기 힘들어 학교에 갈 시간이 촉박하다면 꼭 이렇게 해 보세요.

* 다음 날 시간표를 확인하고 무엇이 필요한지 파악해 전날 밤에 미리 가방을 챙겨요.
* 학교에서 받은 공문, 전달 사항 등은 받는 즉시 부모님이나 여러분을 돌봐 주는 사람에게 전달해요. 그래야 충분한 시간을 갖고 이에 대처할 수 있어요.
* 학교 가기 전날은 되도록 일찍 잠자리에 들어요.
* 평소 일어나는 시간보다 15분 일찍 자명종을 맞춰 놓아요. 그러면 좀 더 여유 있게 준비할 수 있어요.
* 필요할 경우 아침에 누가 먼저 화장실을 사용할지 가족들과 상의해요.
* 여러분이 항상 챙겨야 하는 것들(교통 카드, 열쇠, 휴대 전화, 지갑 등)을 적어 봐요. 그리고 매일 집을 나서기 전에 적은 것을 확인해요.

동아리 활동을 해요

학교에서는 정규 수업 이외에도 동아리, 운동부 같은 방과 후 활동이 있어요. 동아리에서는 야유회, 연극, 음악, 예술 등의 문화생활을 즐길 수 있지요.

동아리나 운동부 활동은 친구를 사귀고 여러분이 좋아하는 일을 더 잘할 수 있도록 만들 좋은 기회예요. 만약 좋아하는 활동이 아니라면 굳이 참여할 필요는 없어요. 그렇지만 시간이 허락된다면 관심 있는 활동 하나 정도는 꾸준히 하는 것이 좋아요.

숙제가 어려운가요?

여러분 중 많은 친구들이 숙제가 너무 어렵다거나 시간이 오래 걸려서가 아니라 무슨 숙제를 언제까지 해야 하는지 잊어버려서 어려움에 처해요. 이는 무엇부터 해야 할지, 언제까지 제출해야 하는지를 적어 놓지 않았기 때문이에요.

학교생활 계획표가 있을 경우 이를 활용해 보세요. 여러분이 해야 하는 일을 순서대로 기록하면 좋아요. 계획표가 없을 경우 일기장이나 공책에 기록해요.

일종의 서류함을 만드는 것도 방법이에요. 쟁반이나 깊지 않은 상자를 준비하고 매일 그 안에 숙제를 넣어 두어요. 여러분이 숙제할 준비가 되면 그 안에서 꺼내 숙제를 하는 거예요.

언제, 어디에서, 어떻게 숙제할까요?

사실 숙제할 시간을 기다리는 사람은 없어요. 그렇지만 집중해서 숙제할 수 있는 시간과 공간을 마련하면 효율적이에요.

예를 들어 인터넷을 이용해서 숙제를 해야 하는데 여러분 개인 컴퓨터가 없을 경우 가족 공용 컴퓨터를 언제 이용하겠다고 미리 이야기하든지 학교나 도서관 등에 비치된 컴퓨터를 사용하는 거예요.

또한 집에 숙제나 공부를 하기 위한 공간을 별도로 마련하면 좋아요. 탁자 혹은 책상과 편안한 의자를 준비하고 주의를 빼앗길 만한 것들은 되도록 치우도록 해요. 눈이 편안한 조명이 있으면 좋아요. 그리고 숙제에 필요한 학용품 세트를 마련해요.

다음은 학용품 세트에 필요한 것들이에요.

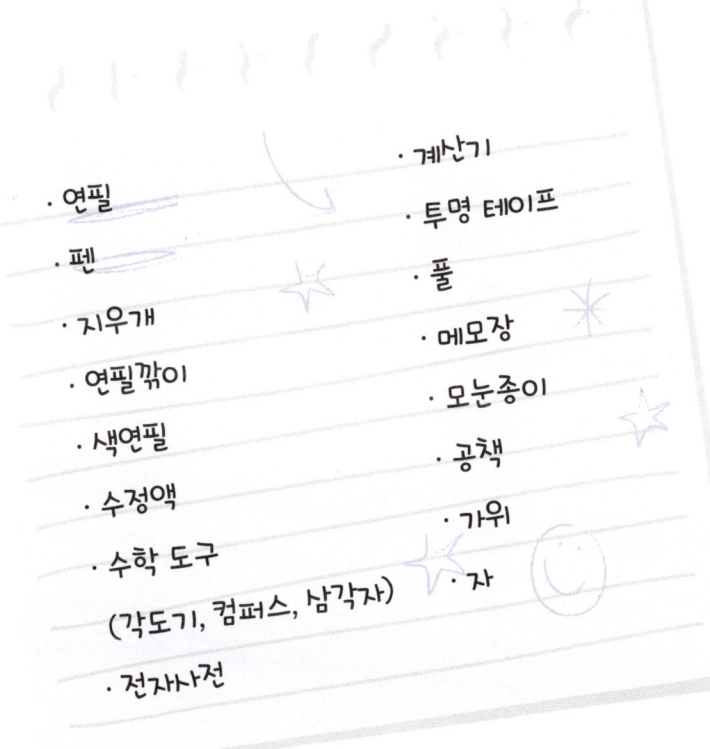

　이른 저녁에 숙제하는 습관을 들이는 게 좋아요. 그리고 숙제 마감일 바로 직전까지 숙제를 미루는 것은 좋지 않아요. 숙제를 마친 뒤에는 텔레비전을 보거나 컴퓨터를 하는 등 스스로에게 선물을 주면 어떨까요?

학교에서는 여러 가지 문제가 일어나요

혹시 학교생활에 어려움이 있거나 숙제를 하는 데 문제가 생겨도 걱정하지 마세요. 여러분을 도와줄 사람은 언제나 존재해요. 다른 문제를 겪을 때와 마찬가지로 주위 사람에게 도움을 요청해 보세요.

예를 들어 어떤 선생님이 여러분을 싫어하는 것처럼 느껴지거나 특정 과목이 어려울 경우 담임 선생님, 학교 상담사, 회장, 부모님 혹은 여러분을 돌봐 주는 사람에게 말해요.

많은 학생들이 걱정하는 또 다른 문제는 괴롭힘에 관한 것이에요. 괴롭힘을 당하지 않으려면 어떻게 해야 하는지, 다른 친구가 괴롭힘을 당할 경우 어떻게 해야 하는지 걱정하지요.

알고 있나요?

2014년 한 언론사의 학교 폭력 실태 조사에 따르면 괴롭힘 중 언어폭력이 가장 많고 집단 따돌림, 폭행, 스토킹, 사이버 괴롭힘 등 다양하게 나타난다고 해요. 학교 폭력을 신고하거나 상담하려면 국번 없이 117로 전화하세요.

어떤 행동이 괴롭히는 것일까요?

누군가를 때리거나 육체적으로 해를 가해야만 괴롭히는 것이 아니에요. 상대를 놀리고 좋지 않은 소문을 퍼뜨리고 협박하는 것도 괴롭힘에 해당해요. 욕하고 조롱하고 따돌리거나 상대의 물건을 망가뜨리고 빼앗고 모욕적인 문자 메시지를 보내는 것 또한 괴롭히는 방법이에요.

다른 사람을 괴롭히는 이유는 다양해요. 종교, 인종, 외모 때문일 수 있고 키, 장애, 가정 환경, 옷차림 혹은 똑똑하다는 이유로 괴롭힐 수도 있어요. 하지만 이러한 이유로 남을 괴롭혀서는 절대로 안 되겠죠.

어떤 기분일까요?

괴롭힘을 당하면 궁지에 몰린 것같이 느껴지고 혼자라는 생각이 들 거예요. 친구를 사귀거나 또래 친구와 이야기하는 것도 힘들어지죠.

또 자신감을 잃고 위축돼요. 슬프고 두렵고 걱정되며 집중력도 떨어져요. 학교에서 무슨 일이 일어날까 끊임없이 걱정하기 때문에 학업에 큰 지장을 받죠.

괴롭힘의 정도가 심해서 학업에 집중하기 어렵고 일상생활을 하기가 힘들 만큼 안전에 위협을 느낀다면 반드시 선생님이나 여러분을 돌봐 주는 사람, 부모님에게 말해요. 처음에는 말을 꺼내기가 힘들겠지만 반드시 이야기해서 필요한 조치를 취하도록 해요. 여러분을 도와줄 수 있는 사람들이 많이 있으므로 절대로 참지 마세요.

괴롭힘은 얼굴을 마주한 상황에서만 일어나는 것이 아니라는 사실도 명심하세요. 휴대 전화나 인터넷으로도 괴롭힘을 당할 수 있어요.

136~137쪽을 보면 여러분이 사이버 괴롭힘을 당하게 되었을 때 대처법을 알 수 있어요.

생각해 볼까요

여러분이 괴롭힘을 당하고 있다면 이는 여러분의 잘못이 아니며 여러분에게는 아무런 문제가 없다는 사실을 기억하세요. 문제는 여러분을 괴롭히는 상대에게 있어요.

친구가 괴롭힘을 당하면 어떡할까요?

여러분이 괴롭힘을 당하지 않더라도 다른 친구가 위협받거나 놀림받는 경우를 보았을 거예요. 그 상황에 뛰어들어 말리는 것은 좋은 생각이 아니에요. 그렇다고 모른 체해서는 안 되지요.

괴롭힘을 당하는 친구를 만나 누군가에게 도움을 청하라고 이야기하세요. 그리고 상황에 따라서는 여러분이 직접 선생님이나 부모님에게 말하거나 익명으로 신고해도 좋아요. 학교 폭력 예방 캠페인에 참여하는 것도 한 가지 방법이에요.

이제 그만

내가 친구를 괴롭히고 있는 것일까요?

자신이 누군가를 괴롭히고 있는 건 아닌지 생각해 보세요. 친구들에게 소외되고 싶지 않아서 친구들이 하는 대로 따라 하거나 혹은 괜히 기분이 좋지 않을 때 친구를 괴롭히는 것으로 푸는 경우도 있어요. 한번 친구를 괴롭히면 멈추기 어려워요. 하지만 계속 그래서는 안 되며 그만두는 자제력이 필요해요.

선생님, 부모님 혹은 잘 아는 선배 등에게 이야기하세요. 이들은 괴롭힘을 당하는 아이들뿐만 아니라 괴롭히는 아이들을 도와줄 책임이 있어요. 만약 아는 사람에게 이야기하고 싶지 않을 경우 익명의 전화 상담 서비스를 이용해도 좋아요. 어떤 식으로든 도움을 요청하세요.

시험을 준비해요

학교생활에서 시험을 빼놓을 수는 없어요. 거의 대부분의 학생들이 시험에 대해 걱정해요. 시험에 대비하고 불필요한 스트레스를 받지 않기 위해서는 무엇을 공부해야 할지 파악하고 계획을 세운 뒤 충분한 시간을 갖고 공부하는 것이 중요해요. 아래 사항을 참고하세요.

1. 무엇을 공부해야 할지 파악해요.
   * 가능하면 과목별 수업 계획서를 읽어 두세요. 그러면 여러분이 무엇을 어떻게 공부해야 할지 알 수 있어요.
   * 문제가 객관식, 주관식, 서술형, 논술형 등 어떤 형태인지 시험 방법을 알아 두세요.
   * 각 시험별 날짜와 시간을 일기장이나 계획표에 적어 놓고 이를 복사해 책상 앞에 붙여 놓으세요.

2. 시험공부 계획을 세워요.(시험 4주 전부터)

* 매주 공부할 계획표를 책상 앞에 붙여 놓으세요. 계획표에는 각 과목별로 공부해야 할 중요 사항을 자세히 적어 두세요.
* 수업이나 방과 후 활동 시간, 휴식, 잡다한 일, 식사 시간, 운동 시간 등을 고려해 여유롭게 계획을 짜세요.
* 공부할 장소를 마련한 뒤 그 공간을 잘 정돈하고 책, 문제집, 필요한 학용품 등을 준비하세요.

3. 공부를 시작해요

* 아침 시간이나 집중이 잘되는 시간에 공부를 시작해요. 세운 계획을 하나씩 끝낼 때마다 계획표에 완료했다고 표시하세요.
* 45분 동안 공부하고 15분 동안 쉬는 것이 좋아요. 어려운 부분을 공부한 뒤에는 조금 더 오래 쉬며 스스로에게 작은 선물을 주세요.
* 교과서나 수업 시간에 필기한 자료를 정리해요. 각 과목별로 다른 공책을 사용하면 좋아요.
  - 핵심 사항, 정의, 이론 등에 밑줄을

그어 보세요. 이해되지 않는 부분이 있을 경우 표시해 뒀다가 선생님에게 질문해요.

- 암기해야 하는 단어, 내용 등은 따로 적어서 잘 보이는 곳에 붙여 두고 자주 보세요.

4. 집중적으로 공부해요.(시험 2주 전부터)

* 스스로 예상 질문을 만들고 답을 해 봐요.
* 다양한 공부 방법을 이용해요. 필기, 도표, 그림, 마인드맵(마음 속에 지도를 그리듯이 줄거리를 이해하며 정리하는 방법), 음성 녹음, 읽기, 큰 소리로 말하기 등을 시도해 보세요. 친구와 함께 공부하면서 서로를 가르치는 방법도 좋아요.
* 여러분이 필기했던 내용을 외우고 새 종이에 스스로 기억해서 작성한 뒤 원래 필기 내용과 비교해 봐요.
* 이해되지 않는 부분은 선생님께 다시 질문하세요. 시험 보기 전 마지막 기회일 수 있어요.

시험 기간을 효율적으로 보내요

여러분은 시험 기간에 뇌의 능력이 최대한으로 발휘되길 원할 거예요. 그렇다면 밤늦게까지 공부하는 대신 일찍 잠자리에

들어 충분히 자도록 해요. 가능하면 규칙적으로 건강한 식사를 하고 몸에 좋은 간식을 먹으며 커피, 콜라, 에너지 음료처럼 카페인 함유량이 높은 음료는 피하는 것이 좋아요.

시험 일정과 과목을 다시 한 번 확인하고 시험 볼 때 필요한 물품을 미리 준비해요.

시험 보기 전날에는 그동안 공부한 자료를 쭉 읽어 보세요. 시험 보는 날은 일찍 끝나기 때문에 다음 날 있을 시험 과목을 공부할 시간이 충분해요. 따라서 너무 스트레스 받거나 초조해 하지 마세요.

시험 볼 때 기억할 것

* 처음에는 시험지 전체를 천천히 살펴봐요.
* 초조하더라도 문제를 성급하게 풀지 마세요.
* 어떤 답을 원하는지 핵심 단어를 찾아 밑줄을 그어요.
* 각 문제의 점수를 확인한 뒤 풀이 시간을 분배해요. 점수가 얼마 되지 않는 문제에 많은 시간을 쏟지 마세요.
* 심사숙고해서 실수하지 말고 차분히 답을 적어요.
* 모든 문제를 풀 수 있도록 노력해요.
* 시간이 남았다면 다시 한 번 답을 확인하세요.

누구나 시험 스트레스를 받아요

대부분의 학생이 시험을 보는 동안 스트레스를 받아요. 준비를 잘해도 마찬가지랍니다. 학생들은 자신뿐만 아니라 선생님과 가족의 기대를 저버릴까 걱정해요.

어느 정도의 스트레스는 도움이 돼요. 집중력이 향상되고 동기 부여가 되기 때문이에요.

하지만 스트레스를 너무 많이 받을 경우 능력을 제대로 발휘하기 어렵고 공부를 포기하고 싶을 수도 있어요. 따라서 스트레스를 심하게 받지 않도록 조심하는 게 중요해요.

시험 스트레스를 줄이기 위해서는 다른 종류의 스트레스와 마찬가지로 휴식을 취하고 친구나 말이 잘 통하는 어른에게 여러분이 속마음을 털어놓으세요.

> **생각해 볼까요**
>
> 시험을 본 뒤에는 방금 본 시험 결과에 대해 생각하지 마세요. 충분한 휴식을 취하고 다음 시험 준비에 집중하도록 해요.

긍정적으로 생각해요

'나는 할 수 없어, 나는 쓸모없어, 나는 실패할 거야.' 같은 부정적인 생각이 마음속에 가득 차 있을 경우 시험공부에 집중도 되지 않고 자꾸 기운이 빠질 거예요. 이를 밀어내기 위해 긍정적인 생각을 하도록 노력해 봐요. 예를 들어 차분하고 자신감 있게 시험지를 펼치고 문제를 천천히 읽어 내려가 최선을 다해 풀이하는 모습을 상상해요.

그리고 부정적인 생각을 '나는 최선을 다할 거야, 마음을 편안하게 먹고 집중해, 괜찮을 거야.' 같은 긍정적인 생각으로 바꿔요.

긍정적인 말을 써서 책상에 붙여 놓고 초조해질 경우 읽으며 자신을 다독여도 좋아요.

> **알고 있나요?**
>
> 학생 1,300명을 대상으로 진행한 영국의 최근 조사 결과에 따르면 96%의 학생이 시험공부와 시험 점수 때문에 걱정을 한다고 해요. 다들 똑같이 걱정하고 스트레스 받으니 먼저 훌훌 털어버리고 시험 공부에 집중하는 것이 좋겠죠?

운동과 휴식을 취해요

여러분은 시험 보기 전이나 시험공부하는 틈틈이 휴식을 취해야 해요.

그리고 시험공부 계획에 운동도 포함시켜요. 스트레스를 줄이는 데 큰 도움이 된답니다.

시험 때문에 지나치게 스트레스를 받을 경우 104~105쪽에 나와 있는 호흡법과 휴식법을 참고하세요. 시험 전이나 시험 도중 초조하고 당황스러운 기분이 들 경우에도 호흡법과 휴식법을 시도하는 것이 도움될 거예요. 여러분만 시험에 대한 걱정과 불안한 감정을 느끼는 게 아니라는 사실을 명심하세요.

시험 점수 결과가 좋지 않다고 여러분의 인생이 끝나는 것은

 생각해 볼까요

최선을 다하는 것만이 여러분이 할 수 있는 가장 좋은 방법이라고 스스로 상기시켜요. 자신감과 의욕이 생길 거예요.

아니에요. 지금 당장은 스트레스를 받겠지만 그 스트레스가 영원히 지속되는 것도 아니죠. 시험이 끝난 뒤에도 여러분의 인생은 계속되고 때로는 좋은 일이, 때로는 좋지 않은 일이 일어나요.

하지만 무엇보다 중요한 것은 자신을 위해 노력하고 최선을 다하는 모습이랍니다. 여러분의 앞날에 행운을 빌어요. 한번뿐인 인생을 즐기는 것도 잊지 마세요!